A Eliana,
Amiga de la Poesía;
Poesía de la Amistad.

JaB

CORONA DE AMOR Y MUERTE

ALEJANDRO CASONA

CORONA
DE AMOR
Y MUERTE

Edited by
JOSÉ A. BALSEIRO and J. RIIS OWRE
The University of Miami

New York   OXFORD UNIVERSITY PRESS   1960

An old theme viewed from a new angle has a double appeal; and the appeal is enhanced when the author of the work is one of the distinguished artists of his time.

Such a work is *Corona de amor y muerte,* a recent play by Alejandro Casona, which was first performed in Buenos Aires on 8 March 1955. Its theme, the unfortunate loves of Inés de Castro and her Portuguese prince, has been one of the favorite subjects in European literature for more than three centuries.

The play is suitable in subject and in vocabulary for use early in the study of Spanish. Of the approximately 1800 different words used (exclusive of proper names), 42 per cent are in the first thousand of the Buchanan list, 19 per cent are in the second thousand, and only 12 per cent do not appear in the list at all.[1] Most of the latter are used but once. About 27 per cent of the words are easily recognizable cognates.

The present text is that of the 1957 edition of the play.[2] Spelling and accentuation have been made to conform to the new norms of the Spanish Academy.[3]

[1] Milton A. Buchanan, *A Graded Spanish Word Book,* Publications of the American and Canadian Committees on Modern Languages, vol. III, 3rd ed., Toronto, The University of Toronto Press, 1932.
[2] Alejandro Casona, *Teatro: Prohibido suicidarse en primavera, Siete gritos en el mar, Corona de amor y muerte,* Buenos Aires, Losada, 1957.
[3] Julio Casares, 'Las "Nuevas normas de prosodia y ortografía," ' Separata del *Boletín de la Real Academia Española,* Tomo XXXVIII, Cuaderno civ, sepbre.-dibre. 1958.

An initial word-list as well as brief word-lists before each act and scene have been provided. It is intended that the student should learn to recognize these words before beginning his reading, since they appear frequently in the sections that follow. Exercises are intentionally brief, because of the editors' belief that most teachers prefer to devise their own learning aids.

The Introduction gives a few very general ideas about Casona's life and work, and then treats in more detail the Inés de Castro legend, its place in literature, and Casona's treatment of it. For a more complete discussion of the author's work, together with a bibliography and list of his plays, the reader is referred to our edition of *La barca sin pescador*.[4]

We wish to extend our sincere thanks to Alejandro Casona, not only for permission to use the play, but also for aid in several difficult matters during the preparation of the edition. Our thanks, also, to the Hispanic Society of America for permission to quote from the Bacon translation of *The Lusiads*.

J. A. B.
J. R. O.

Coral Gables, Florida
November 1959

[4] New York, Oxford University Press, 1955.

CONTENTS

INTRODUCTION

The twenty-third of March, 1903, was auspicious for the remote Asturian village of Besullo, for the son who was born there on that day to the schoolteachers Gabino Rodríguez and Faustina Álvarez was to become, in the course of years, one of the outstanding dramatists of our time: Alejandro Casona.[1]

The pedagogical turn of mind of the parents was to be apparent in more than one undertaking of the young mentor of the Teatro del Pueblo,[2] and in many a scene from the pen of Spain's most creative contemporary dramatist; and the parental travels were to familiarize Alejandro with not only Asturias, but also Castilla la Vieja and Andalucía. These wanderings through the peninsula—with a lengthy stay in Madrid—were a kind of prologue to our author's far-flung journeys yet to come, in the Greater Antilles, Mexico, Central and South America.

While still in normal school,[3] Casona published his poetic tale *El peregrino de la barba florida*, which shows

[1] For details about his life, literary stature, and work in general, see the Introduction to our edition of *La barca sin pescador*, New York, Oxford University Press, 1955.
[2] The Teatro del Pueblo produced short plays of various types, old and new. It was a part of a project called the Misiones Pedagógicas, directed by Manuel B. Cossío, which, during the Second Republic (1931-36) sent teams of educators and artists into the villages to bring them something of the cultural life of the cities.
[3] Casona attended the Escuela Superior del Magisterio in Madrid, to prepare for primary school teaching and supervision. He entered in 1922 and was graduated in 1926.

in both title and content the influence of Rubén Darío and of Ramón del Valle Inclán. His first poetic work, *La flauta del sapo,* was still unpublished; similarly, his first dramatic effort, the delightful fable *Otra vez el diablo,* would have to wait for publication until after a second play, *La sirena varada,* had won double distinction: first, the Lope de Vega prize—among 116 entries—in the 1933 contest held by the Ayuntamiento of Madrid; and second, a brilliant première on 17 March 1934 in the Teatro Español of the capital. In both works, one can see the beginning of the contrasts between reality and illusion, between the everyday world and a world of romantic imagining, between dramatic emotion and ironic humor, which are characteristic of Casona's mature work. These characteristics become increasingly prominent as his dramatic style develops.

Thus far there have been three deviations from the typical pattern of his work: *Nuestra Natacha* (first performed in Madrid on 6 February 1936), *La molinera de Arcos* (first performed in Buenos Aires on 19 June 1947), and *Corona de amor y muerte* (first performed in Buenos Aires on 8 March 1955). The first of these plays is a fervent expression of the need for social and psychological renovation which was felt by Spanish youth of the Second Republic (1931-36), and an attack upon the intolerance and coercion experienced by all those who longed for something new and healthful in their country. *La molinera de Arcos* treats the old theme of *El sombrero de tres picos* (1874), by Pedro Antonio de Alarcón, with considerable freedom, adding entirely new material, while still maintaining the legitimate Andalusian *costumbrista* flavor of the original, with all its popular gravity and humor. *Corona de amor y muerte* uses one of the tragic themes which has most deeply moved the Iberian peninsula, and which has fascinated scholars, *cronistas,* poets, novelists, and dramatists everywhere. Among the great romantic lovers, this pair, the Galician Inés de Castro and her most ardent prince Pedro of Portugal, stands out because the woman's influence upon her lover and upon the nation does not end with her supreme sacrifice, but rather lives on until the great passion makes her a queen at last, though after death.

Inés de Castro was born at the beginning of the fourteenth century—we do not know the exact date. She was the illegitimate daughter of Pedro Fernández de Castro, lord of Galicia, and Doña Aldonza Soares de Valladares. The Fernández de Castro were one of the great families of Spain; Don Pedro's mother was an illegitimate daughter of the Castilian king Sancho IV *el Bravo,* by his mistress María de Ucero. Thus in the veins of Inés de Castro flowed the blood of the greatest Spanish monarchs of the time: Sancho IV (r. 1284-95), his father Alfonso X *el Sabio* (r. 1252-84), and his grandfather Fernando III *el Santo* (r. 1217-52).

The child Inés was brought up at the home of an aunt, Teresa de Alburquerque, near the Portuguese border. Later she was sent to be educated in the palace of Don Juan Manuel. Don Juan Manuel, the author of *El libro del Conde Lucanor,* and a nephew of Alfonso *el Sabio,* was one of the most prominent noblemen of the age, so rich and powerful, it is said, that his stable contained a thousand horses, and he could travel across Spain from the kingdom of Navarra to Granada staying each night in one of his own castles.

In 1340, Don Juan Manuel's daughter Constanza went to Coímbra to marry Pedro the crown prince of Portugal.

She was accompanied by her distant cousin Inés de Castro.

Constanza had been born under an unlucky star, and her ill fortune never varied. She was first engaged to a Spanish noble, but this was broken up by the king, Alfonso XI, who sought her hand for himself. Later, however, Alfonso repudiated Constanza, and married instead Doña María de Portugal.[4] Constanza, now promised to Pedro by her father, was kept a prisoner in the Spanish city of Toro, lest her marriage to the heir to the Portuguese throne cause political repercussions. A war resulted. Finally, after the battle of the Salado, Constanza was freed and allowed to go on her way.

Neither she nor Inés could have imagined that their journey was the beginning of a truly medieval tale of love, jealousy, suffering, intrigue, and crime. For, when they arrived in the Portuguese court, it was Inés, not Constanza, with whom Pedro fell in love. It proved to be a true passion, stronger than any misfortune, stronger than death itself.

The marriage of Constanza and Pedro lasted for five miserable years, during which all the schemes of the king, and all the efforts of Constanza to bind Pedro to her, came to naught. Pedro would not forget Inés, and Inés, if she did not yield easily, continued to be an irresistible attraction to the strong-willed, importunate prince. Banished by royal decree, she lived in the castle of Alburquerque, on the border of Extremadura.

Constanza and Pedro had three children, María, Luis, and Fernando. At the birth of the last—who was to succeed to the throne—Constanza died (13 November 1345). She was only twenty-one.

---

[4] This lady was the daughter of Alfonso IV of Portugal, and thus the sister of Pedro, the hero of our legend.

Immediately, disobeying his father's orders, Pedro brought Inés back to Portugal. The two lived together openly in Coímbra, in a small palace which Pedro's grandmother, Isabel, called *La Reina Santa*, had given to the convent of Santa Clara.

One of the many contradictory accounts of the two lovers says that they were married some nine years later, in Braganza, by the bishop of Guarda. Pedro himself, in the fourth year of his reign, testified to this marriage. There is, however, no documentary evidence of it, and there are circumstances which make it unlikely that such a marriage actually took place.[5] For example, during an investigation in 1385 in Coímbra, the nobleman Diego Lopes Pacheco— a bitter enemy of Pedro, and one of those who had urged the murder of Inés—denied that they had been married: 'Upon being asked whether he knew from eye witnesses that the said king Don Pedro had ever taken the said Doña Inés de Castro to wife, he answered "no." ' [6] In the *Cronica dos Reis de Portugal,* Cristóvão Rodrigues Acenheiro accepts this as evidence that the two were never married, and adds that Pedro himself told his father that he was not married to Inés and would not marry her.[7]

On the other hand, it is said that once Pedro swore upon the Bible that Inés was his wife. His detractors point out that his word was not good, that he also swore to pardon

[5] Pedro also testified that he had concealed the marriage from his father, and forgotten the date!

[6] *Preguntado se sabia que o dito rei D. Pedro em algum tempo recebesse por mulher, per palavras de presente, a dita Dona Inez de Castro, disse que não.*

[7] *El Rei lhe mandou dezir que se D. Inez de Castro era sua mulher que o dissesse ... e o infante negou—que nunca fóra sua mulher nem o seria.* 'The king ordered him to tell whether Doña Inés de Castro was his wife ... and the prince denied it [saying] she had never been his wife and never would be.'

the courtiers of Alfonso IV who forced the immolation of Inés, and broke his word. Of course, the fact that he broke his word on that occasion does not prove that he did so always.

In any case, whether or not there was a marriage—and we are inclined to doubt that there was—three children, João, Dionis, and Beatriz, were born to Inés and Pedro. These children were, in the eyes of the rulers of Portugal— a country of extreme nationalist sentiments—a threat to its independence. Were they to be legitimized, it was feared, Portugal might fall under the domination of her neighbor and rival, Spain. *Se êles casam, ¡perde-se o reino!* [8]—this was the prediction of the enemies of the couple, and they repeated it endlessly in a Lisbon that was full of Spaniards. The Portuguese were sure there was reason for concern: already one of the brothers of Inés, Alvaro Pires de Castro, was becoming influential. His power would increase, they argued, if Pedro's successor on the throne were a son of Inés. Her influence upon the prince was complete.

Alfonso IV himself was well aware of the ambitions of Inés's relatives, for they were then (about 1354) urging Pedro to proclaim himself a pretender to the crowns of both Castilla and León.[9] The palace was a hot-bed of intrigue. Always the unbearable prospect of a threat to Portuguese independence was emphasized. What had been only a private affair became a problem of state. *Que não se*

---

[8] 'If they [Pedro and Inés] marry, the kingdom will be lost.' This and the Portuguese phrases which follow are taken from Antero de Figueiredo's *D. Pedro e D. Inés, 'O grande desvayro,'* Lisbon, 1913.

[9] Pedro had a double claim on the crown of Castile: his grandfather King Dinis (r. 1279-1325) was a grandson of Alfonso X *el Sabio,* and his mother Beatriz was the daughter of Sancho IV. His claim to the crown of Aragón came through his paternal grandmother Isabel de Aragón, *La Reina Santa,* who was the daughter of Pedro III de Aragón (r. 1276-85).

perca Portugal por uma mulher.[10] The commotion grew until it could only be stilled by the sacrifice of this woman, whom the poet António Ferreira described as a 'gentle creature, innocent, lovely, simple, chaste.'[11]

The people of the nation seem to have had little or no part in all this. It was essentially agitation among the nobility, in the opinion of professor Marques Braga, who says that the phrase *Que não se perca Portugal por uma mulher* is really a synthesis of the protest among politicians fearful of the growing influence of the already powerful Castro family. 'The people appear to have been completely unaware of this palace conspiracy.'[12]

As Casona notes, Antero de Figueiredo's study of *el gran desvarío* lists forty-four dramatic versions of the theme, among them a play by Lope de Vega which is, unfortunately, lost.[13] H. Theodor Heinermann gives the same number of titles in his monograph.[14] Hence Casona assigns to his play the 'number 45'—possibly not the correct one, since perhaps other versions exist which were unknown to Figueiredo and Heinermann.[15]

Casona admits that, while history is his basic source, he has accepted many of the non-historical elements which

10 'Let not the kingdom be lost for the sake of a woman.'
11 António Ferreira, *Castro*, V, i. (*Aquella ovelha mansa, // Inocente, fermosa, simple, casta.*)
12 *O povo parece ter sido estranho a esta conspiração de palacio.* See António Ferreira, *Poemas lusitanos*, with preface and notes by Prof. Marques Braga, Vol. II, Lisbon, 1940, p. 210, note.
13 Antero de Figueiredo, op. cit.
14 *Ignez de Castro: Die dramatischen Behandlungen der Sage in dem romanischen Literaturen,* (Dissertation, Münster), Borna-Leipzig, 1914.
15 See Suzanne Cornil, *Inès de Castro: Contribution à l'étude du développement littéraire du thème dans les littératures romanes,* [Bruxelles, Palais des académies, 1952], Académie royale des sciences, des lettres et des beaux-arts, Bruxelles. Mémoires, Deuxième série, t. 47, fasc. 2. She states that Heinermann studies only dramatic versions 'depuis le XVIIIe siècle.' (p. 3)

tradition has incorporated into the legend; he has felt free also to add elements of fantasy which seem necessary for artistic reasons, or appropriate to the contemporary mentality.[16]

Never before has our author sought his themes in either history or legend. In this play, taking these archaic, almost hackneyed materials, he moulds them into something new and vital, which breathes with the enchantment of poetry and deep emotion. Consequently we are not in this play confronted by a creative artist who is completely unfettered by tradition, whose unique virtue is spontaneity; rather, we have a writer whose mature culture has focused the rich resources of his fantasy and his intuition upon a dramatic theme which is to him one of the most exciting and intense in all literature.[17]

Where the facts of history are not clear, Casona creates his own artistic truths. He does this with a touch so sure, an accent so affecting, that his version seems indeed to be the true one—more true than the historical fact itself, whatever it was, could ever appear to be. What is literature is more convincing than history. Casona creates something that is only in part historical: a struggle between the warm impulses of love and the coldly calculated interests of the state, in which selfish demands bring bloodshed and death, ending not in the legendary resurrection upon the throne but in a glory of poetic justice.

As we have shown, historians are uncertain whether Inés and Pedro were ever married. Casona seems to know his heroine so well, his portrait of her is so sure, so intimate and human, that he leaves his readers not the slightest doubt but that she and Pedro were indeed man and wife.

[16] See below p. 6.
[17] Letter to José A. Balseiro, dated Buenos Aires, 23 October 1958.

Was Inés really crowned after death? Or is this something which legend has added to history? We cannot tell. Suzanne Cornil in her erudite study advances the theory that this is a legendary element, the most important of all the legendary accretions, and that it is really more Spanish than Portuguese.[18] Casona shows us Inés's heart, reveals her desire to die so that she may be sure of Pedro's love forever [19]—and this convinces us that the prince would indeed try to avenge his beloved by bringing her back from the tomb—an extravagant act, to be sure, but only the last, the culmination, of many extravagant acts. To do this would make Pedro feel that he had made Inés safe from the processes of nature, and from the hatred of her enemies. His love is not a normal, ordinary emotion, but a great passion, self-consuming, oblivious to the external world and the demands of state. It is as if Pedro had anticipated the thought of Mira de Amescua's heroine Lisarda:

> A quien amor determina
> ninguna razón refrena.[20]

Or, as if his deeds exemplified the thought of Pascal: *Le cœur a ses raisons, que la raison ne connaît pas.*[21]

Casona violates history with a fortunate anachronism in not having Constanza and Inés come to Coímbra together. When the Infanta arrives, Inés is already Pedro's devoted mistress, and even before coming face to face with the overwhelming passion, Constanza has heard of it everywhere she stops, from the lips of the people themselves:

---

[18] Cornil, op. cit. 132.
[19] In a letter to José A. Balseiro (Buenos Aires, 23 October 1958), Casona wrote: 'Inés quiso morir para conservar eternamente el amor de Pedro. Ésa es mi verdad; la verdad artística.'
[20] Antonio Mira de Amescua, *El esclavo del demonio*, I, i.
[21] 'The heart has its reasons, which reason does not know.'

De España viene la novia,
camino de Portugal,
a conquistar un castillo
que está conquistado ya.

Thus introduced, Inés is presented as the one who is truly and spontaneously loved, and Constanza as the choice of the palace. And we have the conflict clearly established: Love against the interests of the state.

The colors of this official bride adorn ships, trees, cities; protocol has established a long list of acts of homage and respect. But the future husband does not appear, and Castilian dignity demands of the old king: 'Where is your son?' He cannot answer. The elusive prince will recognize no duty or obligation save Inés. Thus arises a second conflict: the impulsive behavior of the prince, against a woman's pride offended, first by Alfonso XI of Castile, now by the heir to the throne of Portugal.

The courtiers, Portuguese all, are swift to accuse Inés of having caused the prince to lose his sense of good and evil: *Esa mujer lo tiene tan ciego que por ella sería capaz de todo: de lo mejor y de lo peor.* And again: *Ni súplicas ni amenazas pueden con él.* These are the words of Coello and Alvargonzález in Casona's play. The same evil counselors appear in *Reinar después de morir* by Luis Vélez de Guevara,[22] and in other plays on the Castro theme. Casona adds the name of a third counselor, Pacheco, who also urges that the crime be done. His case is different: he is in love with Inés. The three sinister figures—Pero Coelho, Alvaro Gonçalves, and Diogo Lopes Pacheco, in Portuguese style—have been changed from more or less conven-

---

[22] The earliest known edition is that in *Comedias de los mejores y más insignes ingenios de España*, Lisbon, 1652. See Forrest Eugene Spencer and Rudolph Schevill, *The Dramatic Works of Luis Vélez de Guevara*, Berkeley, 1937, p. 234.

tional villains to fanatical patriots, convinced that the famous love affair conceals a plot for popular rebellion, instigated by a foreign power. Xenophobia makes Inés a symbol of danger—a symbol the people will follow. In war the first thing to do is to seize the enemy's colors. The state must look to what is necessary and expedient, not to what is just . . . This is the theme of those who denounce Inés.

Inés is a Spaniard from Galicia. Her hair is like antique gold, her eyes green and clear, her hands gentle, white. For Pedro, she is tenderness personified, the strength that comes from woman's love, as great as it is gentle. Almost before he ceases to kiss her, he longs to kiss her again. He knows that for her, he is as if far away when he is not in her arms. The first glance at her reveals all her charm, all her beauty. Her very fragility is like a marvelous antithesis to his rude, savage strength.

Constanza is all dignity and dominion; she is Castile, with its imperious people who place honor above all else, even happiness. She tries to intimidate Inés by threatening to take Pedro, bind him to her even though he loves her not. But she can do nothing against this woman who is able to love without violence because she knows that she is loved. When Constanza, in desperation, asks if love is but madness, Inés can explain that it is not madness but a different kind of reason. She knows that body and soul are inseparable in a real love, at once spirit and clay.

In *Corona de amor y muerte,* Portugal is not an empty name or a mere stage setting as it is in earlier plays on this theme. Casona has made Portuguese geography come alive, and populated it with a sensitive people. From the moment on the first page when rosemary, verbena, and carnation are mentioned, one feels the landscape in all its color and fragrance. Then comes the vision of the sea of those conquerors who crossed *mares nunca de antes navegados* to do deeds and sing songs in strange lands.[23] When Inés wants to recall the past, she hums an old Galician melody which begins

> Meus olhos van por lo mare,
> mirando van Portugale.
>
> Meus olhos van por lo rio.[24]

Casona translates this anonymous *canción de amigo,* adding five lines of his own:

> Mis ojos van por la mar,
> buscando van Portugal...
> Mis ojos van por el río,
> buscando van a mi amigo...
> Mis ojos van por el aire,
> buscando van a mi amante...
> Mis ojos van y no vuelven...
> Perdidos van a la muerte...

The Mondego, its waters darkly green like some valleys of Galicia, is loved above all other rivers, for it has its source in Portugal, while all the others rise in Spain.

This feeling for Portuguese nature gives a sense of intimacy to the play; it individualizes and expresses the idiosyncrasy of a nation. Portugal appears almost as another character in the drama. This helps us to explain—although not to excuse—why Alfonso is so terrible in his blind struggle to substitute the spirit and history of his people for his own flesh and spirit. He is not lacking in tenderness for his grandchildren—the children of Pedro and Inés—or for Inés herself, whom he longs to save. The inner struggle of the king is a pathetic duel between his belief

---

[23] Luis de Camões, *Os Lusiadas,* Canto I, 1. 3.
[24] See Francisco Asenjo Barbieri, *Cancionero musical español de los siglos XV y XVI* [Buenos Aires], 1945, p. 234 (No. 458, folio ccxcix).

that one cannot govern with the heart, and his dread of being left alone with these children, whose mother must be sacrificed because only death can separate her from the prince. *¡Só a morte nos separará!* [25] When Inés weeps, the aged monarch cannot control himself; he is torn between this woman who reminds him calmly that she is innocent—*¿Não me sabeis vós sem culpa?* [26]—and his courtiers who appeal to patriotism and demand the unjust sentence: *¡Traição! ¡O rei abandona-nos!* [27] When the king can no longer bear the suffering—*¡Acabemos con esta agonia!* [28]—it is the courtiers who prevail. Nevertheless, the fundamental cause of the tremendous decision is not really fatigue, as Lenormand believed.[29] One must not forget that Alfonso IV hated illegitimacy not only for reasons of state, but from deep-seated personal motives. He had suffered in a bitter war with his own illegitimate brothers, and he was mindful of the struggle between Henry of Trastamara and Pedro *el Cruel* of Castile.

Alfonso's son Pedro, the hero of this play—who was born in 1320—is a man very different from his father. He loudly proclaims his own rights—to choose a wife, to live as he likes, to command always, even to kill. No throne will he have without Inés, who is his very life, the symbol of human sensitivity, the caress, the lullaby. For Pedro, himself, the fitting symbol is the shout or the steed—representations of unbridled individualism and strength, of violent revolt against all opposition. Independence is the mainspring of his character; any constraint brings explosion.

[25] 'Only death will part us!'
[26] 'Do you not know that I am innocent?'
[27] 'Treason! The king himself deserts us!'
[28] 'Let us have done with this agony!'
[29] See H. R. Lenormand, Introduction to Henri de Montherlant's *La Reine morte*, Paris, 1947, p. 11.

Hot-blooded, hardened by the strenuous exercise of the hunt, Pedro is almost a madman in his propensity for self-deception. The attacks of his enemies and the immolation of Inés unleash in him a frantic Iberian rage. He is capable of tearing apart with his teeth the still-warm hearts of the assassins, Coello and Alvargonzález: *Tirem-me já estes corações. ¡Quero mordêlos!* [30] Whereas Alfonso's anger is aroused by the specter of illegitimacy, Pedro's arrogant individualism rebels when his father attempts to choose a wife for him—yet this was, after all, only the custom of the age. Even when the king asked him to marry Inés and make their relationship a legal one the answer was a sharp negative: *Não me caso.*[31] The time to make her his wife would come when he was king, and could do so by his own will, not commanded by another. It was his characteristic unthinking rebelliousness, and it marked Inés for death. This is the explanation for the last words Casona puts in Pedro's mouth when, his father dead, he places the crown upon Inés's cold brow: *Que esta mujer, que hemos matado entre todos, nos dé una vida nueva. Que su imagen de amor nos devuelva a todos el amor . . . y la paz.*

From the conflicts outlined above has emerged a work of rich human qualities, of unflagging dramatic interest, of high artistic quality. The value of the play was recognized by its performance in Lisbon on April 24, 1957—not just another performance by any means, since it is on April 24 that the posthumous coronation of Inés de Castro is celebrated in Portugal by the presentation of a play about her. It is as if all the nation wished to share the

---

[30] 'Throw me those hearts! I want to bite them!'
[31] 'I shall not marry.'

ancient sorrow of its prince, and his longing to regain his dead bride. As Figueiredo writes, Inés is the symbol of the kind of fragile, tragic love which is most pleasing to Portuguese taste.[32]

Portuguese literature has two outstanding works about Inés de Castro: that of Camoens in Canto III of *The Lusiads*, recalling

> O caso triste e dino de memória,
> que do sepulcro os homens desenterra,[33]

and the play *Castro* of Ferreira, written in the sixteenth century. Of *Castro*, the great critic Menéndez y Pelayo wrote:

> La *Castro* de António Ferreira, el primero que dignamente emuló entre los modernos la fuerza poética de Eurípides, se levanta en el campo de la tragedia como un mármol clásico, bello y solitario.[34]

Playing alternately with this monument of classic-style drama, Casona's *Corona de amor y muerte* was performed in what was a sort of national homage to Inés de Castro in that country which, as Miguel de Unamuno said, '. . . como Inés, ha amado mucho y ha amado trágicamente bajo el yugo del destino.'[35]

Casona is becoming more and more an international

[32] *Inés de Castro é o símbolo do amor frágil e sacrificado—amor que o português mais quêr.* Antero de Figueiredo, op. cit. p. 239, note.

[33] 'That grievous, unforgettable event // which from their sepulchres might wake the dead.' This is from stanza cxviii of Canto III of *The Lusiads.* See, for the Portuguese: *Os Lusiadas,* edited by J. D. M. Ford, Cambridge, Harvard University Press, 1946, p. 108; for the English: *The Lusiads . . .* translated by Leonard Bacon, New York, The Hispanic Society of America, 1950, p. 110.

[34] Marcelino Menéndez y Pelayo, *Antología de poetas líricos castellanos,* VII, Madrid, Hernando, 1898, pp. ccxviii-ix.

[35] Miguel de Unamuno, *Por tierras de Portugal y España,* Madrid, 1911, p. 136.

figure. *Corona de amor y muerte* has received attention in many places other than Portugal. In Turin it was played by university students alternately with Vélez de Guevara's *Reinar después de morir*. It has been produced in German in Aachen and Duren (November 1956). A Czech version by Sdenek Smid is being readied for the National Theater in Prague.[36]

Corona de amor y muerte and *La reine morte* by Henri de Montherlant are the outstanding—though not the only—contemporary works dealing with this great love—'the great madness,' as the Portuguese historian Fernão Lopes first called it.[37] The work of Casona seems to us superior, both in characters and general atmosphere. The Spanish author is not guilty of the poor taste which sometimes mars the work of the French writer, and the language of his characters is finer, more authentic. For example: Montherlant makes the king say that even at the height of battle his heart 'never lost its royal rhythm.'[38] This is mere verbiage. For the Infanta to tell the king that the prince himself matters little to her is a coarse thing, in accord with neither her character nor her education.[39] And to show Pedro paralyzed with fear before his father's anger

[36] *Los árboles mueren de pie* was a recent success in Prague. Of interest also is the success of this play elsewhere. In a letter to José A. Balseiro, 10 December 1958, Casona wrote: 'Acabo de recibir una carta conmovedora de Varsovia, donde hacen *Los árboles* dos teatros simultáneamente: el Teatro Judío, en yidisch, y el Teatro Clásico, en polaco. Comentando el reciente estreno en éste me dice mi traductora: "El teatro atestado de artistas, que interrumpieron muchas veces con estruendosos aplausos, se convirtió al final en un verdadero jardín encantado, pues tanto la Abuela como Marta-Isabella estaban materialmente cubiertas de flores. Y el público, puesto en pie, rompió a cantar a coro nuestra hermosa canción popular: *¡Os deseamos larga vida!*" '
[37] Fernão Lopes, *Chronica del El-Rey D. Pedro I,* ch. XXVII.
[38] *Mon cœur qui, au plus fort des batailles, n'a jamais perdu son rhythme royale.* Montherlant, op. cit. I, ii.
[39] Ibid. I, i.

is to belie what is most characteristic of Pedro—particularly when this same prince in Montherlant's play says elsewhere that his father's life has been full of fears of many kinds.[40] How can one imagine this prince in such a state before his father, when elsewhere he has hurled at him words of unimaginable violence, and when later he declares war upon his father because of his consent to the murder of Inés?

Montherlant's play, although heavily indebted to Vélez de Guevara's *Reinar después de morir,* is not Iberian in mood; the rich warmth of popular feeling which permeates the ancient legend is not there. The work of Casona, on the other hand, is full of it.

A good example of how the Spanish author grounds his work in the tradition of the theme is in the use of the *Romance del 'Palmero.'* This ballad may be found in its entirety in the *Cancionero* of the British Museum, published by Rennert.[41] As early as 1916, Professor S. Griswold Morley had called attention to the ballad. Stating his belief that it dates from before 1600, he cites eight versions existing as early as 1650 and, in addition, 'los fragmentos introducidos por tres autores dramáticos en sendas tragedias suyas.' [42]

In *La tragedia de Doña Inés de Castro* (1612) by Mejía de la Cerda, we find the following lines (III, ii):

> Las señas que ella tenía   bien te las sabré decir:
> los ojos son dos estrellas;   mejillas, nieve y carmín.

---

[40] *Mon père a passé sa vie a avoir peur: peur de perdre sa couronne, peur d'être trahi, peur d'être tué.* Ibid. I, iv.

[41] H. A. Rennert, 'Der spanische *Cancionero* des Britisch Museums,' *Romanische Forschungen* X (1899), 1-176.

[42] See S. Griswold Morley, 'El romance del "Palmero," ' *Revista de Filología Española* IX (1922), 298-310.

In *Reinar después de morir* (date uncertain) by Luis Vélez
de Guevara (1579-1644), we find

> Las señas que ella tenía   bien te lo sabré decir:
> su garganta es de alabastro   y sus manos de marfil.

In *La tragedia por los celos* (1622) by Guillén de Castro
is found this reference to Inés:

> Diéronla de puñaladas,   y de la muerte el buril
> trocó la grana y la nieve   en un cárdeno alhelí.

The latter play does not have as its theme the two ill-fated
lovers; the lines cited occur in a ballad sung by a shepherd,
who then explains that it is 'un romance viejo // del rey
don Pedro y doña Inés de Castro.' [43]

We do not know what tragic event gave rise to the original *Romance del 'Palmero.'* Certainly the lines

> ¿Dónde vas el escudero,   triste, cuydado de ti?
> Muerta es tu enamorada,   muerta es, que yo la vy,
> ataút lleba de oro,   y las andas de un marfil,
> la mortaja que llevava   es de un paño de París...[44]

can be applied to many happenings. Morley believes that
the ballad did not originally refer to the Inés de Castro
legend, but, on the contrary, was later 'assimilated' by it.[45]
It has, we know, been applied to other subjects. As F. S.
Sánchez Cantón pointed out in an article two years prior
to that of Morley, it is a poem 'de gran vitalidad, que
aplicado a la muerte de la primera mujer de Alfonso XII,
aún se canta en calles y plazas.' [46]

[43] Ibid. p. 300, note 6.
[44] Ibid. p. 299. **Cuydado = cuitado; vy = vi; ataut = ataúd; lleba = lleva;
llevava = llevaba.**
[45] Ibid. p. 300, note 6.
[46] 'Un pliego de romances desconocido, del siglo XVI,' *Revista de Filología
española VII* (1920), 37-46. The ballad itself was not 'desconocido,' however—as Morley indicated in the article already cited.

As Morley explains, 'las versiones modernas se titulan generalmente *La aparición,* tomando su nombre de la sombra de la difunta querida, que se acerca al dolorido amante para dirigirle la palabra.' [47] This new element appears in one of the closing scenes of the Casona play. Pedro feels the presence of mystery; the shadow of Inés approaches and speaks to him in words that recall the old ballad:

¿Dónde vas, príncipe Pedro?
¿Dónde vas, triste de ti?
Tu enamorada está muerta . . .
Muerta está, que yo la vi . . .

Sus cabellos eran de oro,
sus manos como el marfil;
siete condes la lloraban,
caballeros más de mil . . .

In this dialogue we see two of the traditional elements of the ballad: the use of the *sombra,* and the manner in which the apparition is dressed: 'Entre los árboles aparece Inés con el cabello suelto y el brial blanco de su último momento. Lleva anudado al cuello un largo chal rojo-sangre.'

Thus we see that in our time it is a Spanish artist, Alejandro Casona, who has given new life to the ancient tale, in a vigorous and beautiful re-creation of its characters. One of the great dramatists of our century, he makes us experience anew an ancient and moving episode of human passion.

[47] Morley, op. cit. p. 302.

CORONA DE AMOR Y MUERTE

(Doña Inés de Portugal)

Leyenda dramática en tres actos,
dividos en siete cuadros

2

PERSONAJES

INÉS DE CASTRO
LA INFANTA DE CASTILLA
AMARANTA, dama de Inés
LEONOR ⎱
ELVIRA ⎰ damas de la Infanta
EL INFANTE JUAN, niño
PEDRO
EL REY
EL MAESTRE DE CAMPO
FRAGOSO, montero
ALVARGONZÁLEZ ⎫
PACHECO ⎬ consejeros del Rey
COELLO ⎭
Soldados, Pajes, Caballeros

LA ACCIÓN EN COÍMBRA, 1355

Estrenada en el Teatro Odeón de Buenos Aires el 8 de marzo de 1955, por la Compañía Elina Colomer—Carlos Cores.

Before beginning to read this play, learn the following words, which will appear frequently.

campana   bell
corona   crown, glory, splendor
cuadro   scene (*of a play*)
de repente   suddenly, abruptly
dichos   characters already on stage (*used at the begining of a new scene to indicate that those in the previous scene remain on stage*)
escena   scene, stage
frontera   border, frontier
gesto   gesture, sign, expression;   **gesto de —**   gesture as if asking for, movement showing
herida   wound, cut
herir (ie, i)   to wound, to hurt, to harm
infanta   princess
infante *m.*   prince
maestre de campo *m.*   military officer of high rank
Mondego   river in Portugal
novia   bride, sweetheart, fiancée
pleno   full, complete, absolute
telón *m.*   stage curtain

PALABRAS DEL AUTOR

'Estavas, linda Inez, posta en sossego...
nos saüdosos campos do Mondego...
aos montes ensinando e as ervinhas
o nome que no peito escrito tinhas.' [1]

Pocos temas han inquietado tanto la fantasía de novelistas
y dramaturgos como éste de la pasión, muerte y transfiguración de Inés de Castro; quizá porque la realidad histórica
de los hechos se funde con [2] uno de los motivos más caros
a la poesía de todos los tiempos: el del 'Amor más poderoso
que la Muerte.'

Cada país, cada época, ha vuelto los ojos del alma hacia
aquella tierna gallega que un día tiñó de rojo y de universalidad la historia portuguesa.[3] Y las réplicas al gran interrogante [4] de su muerte se multiplican abandonando las
limitaciones de la historia para entrar resueltamente en el
reino más amplio de la leyenda. Desde la vieja trova de
Resende y las famosas octavas de Camoens, el tema igne-

---

[1] *Lines 1, 5, 7 and 8 of octave 120, from the third canto of 'The Lusiads.'*
Translation: 'Lovely Inés, peacefully there in the dreamlike fields by the
Mondego didst thou reveal to the hills, even to the grass-blades, the name
graven on thy heart.' *The author of the epic 'Os Lusiadas,' Luis de
Camoens (1524?-1580), was Portugal's greatest poet.*
[2] **se funde con**   is combined with
[3] **tiñó...portuguesa**   gave Portuguese history a theme at once tragic and
universal
[4] **interrogante**   mystery

siano [5] salta la frontera lírica de Portugal, cargándose de pasión en España, de música en Italia, de razón en Francia, de romántica nostalgia en Alemania. . . .

Ciñéndose solamente al teatro,[6] Antero de Figueiredo en su estudio sobre 'el gran desvarío' [7] anota hasta 44 versiones dramáticas distintas,[8] entre ellas la desdichadamente perdida de Lope de Vega. Así, sobre el mismo tablero [9] y con las mismas figuras, pero a distinta luz, cada autor ha jugado su partida propia.

Respecto a esta 'versión 45,' aunque su fuente original sea la historia, he aceptado algunas deformaciones [10] ya tradicionales de la leyenda, introduciendo junto a ellas con plena libertad todos los elementos de fantasía que me han parecido artísticamente útiles o necesarios a la mente actual.[11] No necesitaré añadir que ciertos anacronismos evidentes de tiempo o de pensamiento—señaladamente en el personaje de la Infanta—son perfectamente voluntarios,[12] sometiendo la verdad al interés dramático. Por otra parte esas licencias son pocas más que las que pueden verse en la versión clásica de Ferreira, no tantas como en la versión barroca de Vélez de Guevara, e infinitamente menos que en la de Montherlant.

Si me he arriesgado a intentar otra distinta,[13] después de tantas variantes ilustres, ha sido con la esperanza de que aún fuera posible arrancar a [14] la dulce sombra de Inés un

---

[5] **ignesiano**   about Inés
[6] **Ciñéndose solamente al teatro**   Speaking only of the drama
[7] **'el gran desvarío'**   'the great madness' (*subtitle of Figueiredo's novel on the Inés de Castro theme*)
[8] **distintas**   different
[9] **tablero**   game-board
[10] **deformaciones**   changes
[11] **actual**   contemporary
[12] **voluntarios**   done intentionally
[13] **intentar otra distinta**   to attempt a new and different version
[14] **arrancar a**   to extract from

último secreto, que yo he creído sorprender [15] en su voluntad de martirio [16] y en el doble arrebato carnal y místico [17] de su amor. Porque sólo una pasión elevada a la mística pudo darle fuerzas para cumplir hasta el fin la bárbara belleza de su destino.

Expresar esta respuesta de siglos [18] con voz y palabra de hoy era una alta tentación. Si no lo he logrado, quede al menos esta versión como una nueva ofrenda en la gran corona ignesiana.

A. C.

[15] **he creído sorprender**   I thought I found
[16] **voluntad de martirio**   longing for martyrdom
[17] **doble . . . místico**   the nature at once fleshly and mystical
[18] **respuesta de siglos**   this ancient echo

9

ACTO *PRIMERO*

The following words and idioms occur several times in the next scene. Learn to recognize them before you begin to read.

alcázar *m.*   fortress, castle
bandera   banner, flag
barco   ship, boat
canción   song
caza   hunt, hunting
cazador *m.*   hunter
desterrar (ie)   to banish, to exile
destierro   exile, banishment
doncella   maiden, lady-in-waiting
esmeralda   emerald
homenaje   homage, offering, tribute
montería   hunting, hunt;   **de —**   on a hunt, for hunting
montero   hunter
naranjo   orange tree
orgullo   pride
orgulloso   proud
ramo   spray of flowers
rebelde   rebellious
regalo   gift
repicar   to peal, ring;   **— a gloria,**   to ring in celebration
repique *m.*   peal of bells;   **— de gloria,**   peal of glory (*part of the Mass*)
sospechar   to suspect
tambor *m.*   drum

CUADRO PRIMERO

Sala en el Alcázar de Coímbra, con cierta intimidad de ga-
binete de estudio.[1] *Ventanal* [2] *sobre la ribera del Mondego.*
Un tapiz gótico con los castillos de oro y las quinas azul
y plata [3] *de Portugal. Una sola puerta lateral.*

Entre la austera decoración real sorprenden [4] *mapas*
de mares todavía fabulosos,[5] *esferas armilares* [6] *y galeras en*
proyecto.[7]

Antes de levantarse el telón se oye un alegre repique
de campanas, que se prolonga un instante sobre las figuras
inmóviles.

La Infanta, en el ventanal, contempla el paisaje,
mientras escucha ausente [8] *la relación que lee el Maestre.*

LA INFANTA, EL MAESTRE DE CAMPO, DOS DAMAS
DE HONOR, Y DOS PAJES

MAESTRE. 'Cien caballeros se disputarán en torneo de lanzas los colores [9] de la Infanta y cien doncellas de los

1 **intimidad . . . estudio**   feeling of a private study
2 **ventanal**   large window
3 **quinas azul y plata**   the blue and silver coat of arms
4 **sorprenden**   it is surprising to see
5 **todavía fabulosos**   still only imagined (*not discovered at time of action*
of the play)
6 **esferas armilares**   armillary spheres (*spherical arrangement of concentric*
rings, to show movements of heavenly bodies, etc.)
7 **galeras en proyecto**   models of projected galleys
8 **ausente**   absent-mindedly (*an adjective modifying* Infanta. *This is very*
common usage in dramatic writing.)
9 **se disputarán . . . colores**   will vie in a joust of lances for the colors

más altos linajes formarán el cortejo coronadas con las tres flores simbólicas.' Las tres flores simbólicas de Portugal son el romero,[10] el clavel [11] y la verbena. Pero si la Infanta prefiere rosas de España ... (*Silen-*

5   *cio*) Señora ...

ELVIRA (*a media voz*). Seguramente no ha oído.

LEONOR. O está escuchando otra cosa. Cuando la Infanta mira lejos y en silencio es que está hablando consigo misma.

10 INFANTA (*sin volverse*). No importa; para las flores, siempre me queda un tercer oído. Romero, clavel y verbena. Sigue.

MAESTRE. 'Durante las fiestas de la boda izarán [12] juntas las dos banderas todos los barcos que cruzan el mar ...'

15 INFANTA. El mar, siempre el mar como una obsesión. Lo comprendo en Lisboa, pero aquí en Coímbra, y en palacio ...

MAESTRE. Nuestro Rey piensa que el mar es una eterna pregunta que algún día tendremos que contestar.

20   ¿Sigo?

INFANTA. Sigue.

MAESTRE. 'En honor de la novia repicarán a gloria todas las campanas, y todas las casas de Coímbra se adornarán de blanco, con galas de boda.' [13]

25 INFANTA. Las estoy viendo: sábanas en las ventanas, banderas blancas en las azoteas ... Parece una ciudad que se rinde.

MAESTRE. Es una ciudad que se te entrega.

[10] **romero**   rosemary
[11] **clavel**   carnation
[12] **izarán**   will hoist
[13] **se adornarán ... boda**   will be decked in white, with wedding decorations

INFANTA. ¿Y aquellos árboles, también vestidos de blanco? ¿Otra orden del Rey?

MAESTRE. Orden del verano. Son los naranjos en flor de nuestro Mondego.

INFANTA. ¿Por qué 'vuestro' Mondego? 5

MAESTRE. Porque es nuestro único río portugués de naci- miento.[14] Los demás nos vienen de España, como las novias de nuestros reyes.

ELVIRA. Desde que cruzamos la frontera los naranjos salían a recibirnos por todos los caminos. 10

LEONOR. Parecían campesinos limpios acudiendo a una fiesta con sus ramos de azahares.[15]

MAESTRE. Los naranjos en flor siempre son invitados de boda.

INFANTA (*alza la mano en saludo*). ¡Gracias, ventanas de 15 Coímbra y galeras de alta mar! ¡Gracias, naranjos del Mondego! (*Deja caer la cortina y avanza.*) Es curioso que en tu país hasta los árboles sean más galantes que ciertos hombres.

MAESTRE. ¿Algún hombre se ha atrevido a faltarte el 20 respeto? [16]

INFANTA. Uno.

MAESTRE. ¿Su nombre?

INFANTA. ¿Para qué? Está demasiado alto.

MAESTRE. Por alto que esté.[17] Se me ha confiado tu viaje 25 y no puedo dejar sin castigo una falta [18] contra tí, aunque fuera sólo una palabra.

INFANTA. No me habló.

MAESTRE. Una mirada.

[14] **portugués de nacimiento**   which has its source in Portugal
[15] **azahares**   orange blossoms
[16] **faltarte el respeto**   to be disrespectful to you
[17] **Por alto que esté**   No matter how high-placed his station.
[18] **falta**   slight, lack of respect

INFANTA. No me miró.

MAESTRE. ¿Cuál es entonces su falta?

INFANTA. Esas dos. No hablarme ni mirarme siendo el primero que debía hacerlo. ¿Necesitas todavía que te diga
5　　su nombre?

MAESTRE (*baja la cabeza confuso*). Perdón.

INFANTA. ¿De qué sirve toda esa lista de homenajes si falta el primero que se debe a una mujer? ¿Dónde está el príncipe?

10　MAESTRE. ¿Piensas que lo sé yo? Hace quince días que dejé Portugal para ir a buscarte.

INFANTA. Tengo entendido [19] que eres su mejor amigo. Si quieres serlo mío [20] también contesta. ¿Dónde está?

MAESTRE. Te juro que no lo sé.

15　INFANTA. Pero lo sospechas, ¿verdad?

MAESTRE. No me preguntes, por favor.

INFANTA. Gracias. Hasta ahora me habían enseñado a agradecer las palabras como una novia. Por lo visto [21] ha llegado el momento de empezar a agradecer los silen-
20　cios . . . como una esposa. Y ya es el segundo que te debo.

MAESTRE. No recuerdo otro.

INFANTA. Fue hace tres noches, en un mesón del [22] camino. Una tuna [23] de estudiantes empezó a cantar bajo mi
25　ventana una historia de amor, y precisamente cuando se estaba poniendo más interesante, tus hombres los hicieron callar a latigazos. [24] ¿Por qué?

MAESTRE. No te dejaban dormir.

---

[19] **Tengo entendido**　I have been told
[20] **serlo mío**　to be my best friend
[21] **Por lo visto**　Apparently
[22] **del**　on the
[23] **tuna**　group
[24] **a latigazos**　with a lashing

INFANTA. Muy torpe. Los estudiantes me habrían quitado el sueño una hora; así lo llevo perdido tres noches [25] pensando en el final.

MAESTRE. ¿Tan interesante era la historia?

INFANTA. Para mí mucho; porque hablaba de un príncipe [5] cazador, como el tuyo ... y de una novia española, que venía ... ¿Cómo decían los versos?

> De España viene la novia,
> camino de [26] Portugal,
> a conquistar un castillo [10]
> que está conquistado ya.

¿No era así?

MAESTRE. No sé. Tengo mala memoria para versos.

INFANTA. ¿Los recuerdas tú, Elvira?

ELVIRA. Yo escuchando cantar [27] me duermo en seguida. [15]

INFANTA. ¿Y tú, Leonor?

LEONOR. Yo estaba rezando mis oraciones.

INFANTA (*fríamente*). Enhorabuena, Maestre. Añade a tu lista de homenajes otro silencio más.

MAESTRE. El Rey. [20]

INFANTA Y DAMAS. Señor ...

DICHOS Y EL REY, CON SUS NOBLES, COELLO,
PACHECO Y ALVARGONZÁLEZ

NOBLES. Señora ...[28]

REY. Levanta, Costanza. Como padre te pedí y como hija [25] te recibo. No podía Castilla enviarnos un regalo mejor.

[25] **lo llevo ... noches** I've had three sleepless nights
[26] **camino de** on the way to
[27] **Yo escuchando cantar** When I listen to singing
[28] **Señora** *is used as a term of respect, though the Infanta is unmarried.*

INFANTA. Gracias, mi señor. Pero antes de hablarte humilde como hija y portuguesa, déjame por última vez hablarte de frente,[29] como española y como Infanta.

REY. No comprendo esa mirada ni ese tono. Esta mañana
5   toda tú eras otra.[30] ¿Dónde está aquella sonrisa que nos deslumbró [31] al verte llegar?

INFANTA. Siento haberla perdido; pero si la sonrisa formaba parte de mi dote trataré de recobrarla.

REY. ¿Y aquellos ojos alegres llenos de preguntas? ¿Y aquel
10   temblor de mujer feliz?

INFANTA. Mi felicidad puede esperar. Mi dignidad, no.

REY. ¿Alguna queja entonces? Si es así no durará más que lo que yo tarde en saberla.[32] (*Gesto para despedir a los suyos.*) Señores . . .

15 INFANTA. No. He sido ofendida públicamente, y mi respuesta ha de ser pública también.

REY. Está bien. Habla.

INFANTA. Padre y señor: nuestros dos pueblos se han destrozado en una guerra de hermanos que terminó ayer,
20   pero que puede volver a comenzar mañana. Para impedirlo se concertó mi casamiento con tu hijo. Se me ha llamado 'la novia de paz' y he venido feliz a cumplir esta hermosa misión. Pero antes de dar un paso más debo recordarte que no fue Castilla quien pidió
25   esta boda. Fue Portugal. ¿Y de quién será la culpa si ahora Portugal me rechaza?

REY. Pero ¿qué estás diciendo? ¿No te ha recibido mi pueblo entero con los brazos abiertos?

INFANTA. No me quejo de tu pueblo.

---

[29] **de frente**   boldly, as an equal
[30] **toda tú eras otra**   you were entirely different
[31] **deslumbró**   dazzled
[32] **más que . . . saberla**   longer than it takes me to find out about it

REY. ¿No está en Coímbra toda la nobleza del país para rendirte homenaje?

INFANTA. No me quejo de tus damas ni de tus hidalgos.

REY. La corte misma ha abandonado Lisboa para venir a encontrarte a mitad del camino. 5

INFANTA. Lo sé. Y sé también que llevan mis colores de novia tus barcos y tus ciudades y hasta los árboles de tu tierra. Pero yo no he venido a casarme con tus barcos ni con tus naranjos. ¿Dónde está tu hijo?

REY. No es posible... (*Se vuelve a sus nobles.*) ¿El 10 príncipe no se ha presentado en palacio?

COELLO. Había salido de montería... y hemos despachado emisarios en todas direcciones.

PACHECO. En este momento cuarenta heraldos lo buscan redoblando tambores de monte a monte.[33] 15

INFANTA. Los leñadores [34] de la montaña han bajado a saludarme con ramos de laurel. ¿Conocen ellos mejor que el príncipe el lenguaje de los tambores?

PACHECO. Quizá esté lejos. A veces, persiguiendo lobos, galopa sierra adentro [35] días enteros. 20

INFANTA. Vuestras doncellas han llegado desde las palmeras del Algarve y desde los castaños [36] del Miño. ¿Puede tardar más que ellas el mejor jinete de Portugal?

ALVAR. Tal vez se haya perdido entre las nieblas altas.

COELLO. O quizá está herido en cualquier choza de pastores. No sería la primera vez. 25

REY. Más le valiera así.[37] En esta ocasión solamente una herida podría disculparlo.

[33] **redoblando... monte** signaling with drums from mountain to mountain
[34] **leñadores** wood-gatherers
[35] **sierra adentro** far into the mountains
[36] **palmeras... Miño** from the palm groves of Algarve to the chestnut forests of Miño
[37] **Más le valiera así** That would be better for him

INFANTA. Tampoco, Rey Alfonso. En esta ocasión ni una herida sería bastante. El capitán que fue a llevarme la noticia de tu victoria en el Salado [38] traía la voz partida en borbotones de sangre,[39] pero no cayó del caballo

5 hasta que dijo la última palabra. ¡Los caballeros mueren después! [40]

REY. No te apresures a juzgarlo. Espera.

INFANTA. No puedo. Pídeme paciencia cuando sea esposa. Ahora es demasiado pronto.

10 REY. ¿Qué quieres decir?

INFANTA. ¡Qué ni Castilla ni yo sabemos esperar! Si antes que caiga el sol no me ha desagraviado el que me ofendió, no dormiré en Coímbra esta noche. Perdóname, buen rey.

15 REY. Al contrario. Siempre me han gustado los que se atreven a hacer lo mismo que hubiera hecho yo. ¡A mis brazos! (*La abraza.*) ¿Has oído, Maestre? No hay heridas que valgan,[41] ni lobos ni montañas. Tráeme a mi hijo, esté donde esté.[42]

20 MAESTRE. Señor . . . (*Se dispone a salir. La Infanta le detiene.*)

INFANTA. Un consejo: no lo busques demasiado lejos. Aquella canción de estudiantes hablaba de un 'cuello de garza' . . . de unos 'ojos de esmeralda' . . . y de un

25 nido caliente a orillas del Mondego. De 'vuestro' Mondego. No lo olvides.

REY. ¿Qué canción y qué estudiantes son ésos?

---

[38] *The battle of the Salado river (30 October 1340) was one of the decisive engagements of the Reconquest. See vocabulary.*

[39] **traía . . . sangre** could hardly speak for the gush of blood in his throat

[40] **después** after doing their duty

[41] **No . . . valgan** No wounds for excuses

[42] **esté donde esté** no matter where he is

MAESTRE. Nada, señor. La Infanta parece muy intrigada con unos versos que ruedan por ahí de boca en boca.[43]

REY. Bah, ¿qué puede importarte lo que digan los poetas?

INFANTA. Los llevo en la sangre.[44] Mi padre el Infante Juan Manuel ha escrito famosos libros de cuentos, y mi abuelo Alfonso el Sabio dedicaba a la Virgen cantigas de trovador.[45]

REY. También mi padre el rey Dionís escribía canciones de amor; pero como un descanso después de las batallas.

INFANTA. Quizá algún día se olviden sus batallas y se recuerden sus versos.

REY. En resumen, ¿puedo saber por qué te ha interesado tanto esa dichosa historia?

INFANTA. Simplemente por que no me dejaron oír el final. Pero el principio no podía ser más prometedor. ¿Verdad, Elvira?

ELVIRA. Yo ya te dije que oyendo cantar . . .[46]

INFANTA. Sí, te duermes en seguida. Pero ahora es una orden. ¡Despierta!

ELVIRA. Era algo de un padre que tenía un deber, y un hijo rebelde que tenía un amor . . .

INFANTA. ¿Amor? ¿Los estudiantes decían amor?

LEONOR. Ellos decían amiga. Pero, ¿no es lo mismo en portugués?[47]

INFANTA. ¿Ah, ésas eran tus oraciones? Sigue, sigue tú.

LEONOR. Yo sólo recuerdo que el padre los separaba . . . que ella vivía escondida junto a un río . . .

[43] **que . . . boca**   which everyone is repeating around here
[44] **Los . . . sangre**   I have them in my blood. *For Costanza's family, see Introduction.*
[45] **cantigas de trovador**   troubador songs
[46] **oyando cantar**   when I hear singing
[47] *In old Portuguese,* **amigo** *meant either 'lover,' 'sweetheart,' or 'friend.'*

INFANTA. Y el galán iba a verla de noche, galopando con las herraduras al revés [48] para confundir a los espías.

REY. Poca imaginación tienen tus poetas. Conozco cien historias que empiezan igual. ¿Y después...?

5 INFANTAS. Después el Maestre mandó suspender la canción a latigazos. Y aquí me tienes, esperando la otra mitad.

REY. Si no es más que curiosidad mandaremos llamar a esos estudiantes.

INFANTA. No hace falta ya. Puesto que tu hijo va a hacerme
10   por fin el gran honor de venir a saludarme, él mismo me contará la historia completa. Es el que mejor debe saberla. Y además... es el único que todavía está a tiempo de cambiar el final. Mi señor... señores... (*Sale con sus Damas. Detrás, los Pajes.*)

15   EL REY, EL MAESTRE, COELLO, ALVAR, PACHECO

REY. Por Cristo que he estado a punto de estallar. A mí denme a domar hombres o caballos, pero Dios me libre de mujer ofendida.

PACHECO. Es orgullosa la castellana.

20 REY. Lo que me crispa [49] no es su orgullo, es ese doble filo, y esa esgrima menuda [50] de manos acostumbradas a la aguja. ¿Qué diablos [51] significa ese cuento de las herraduras al revés?

MAESTRE. La Infanta no necesitó mucho para adivinarlo.

25 REY. Ella es mujer, pero yo ni sé ni quiero jugar a los acertijos.[52] En una palabra ¿mi hijo ha vuelto con [53] su amante?

---

[48] **herraduras al revés**   horseshoes on backwards
[49] **crispa**   irritates
[50] **esgrima menuda**   delicate sword-play
[51] **¿Qué diablos...?**   What the devil...?
[52] **jugar a los acertijos**   to play guessing games
[53] **ha vuelto con**   has gone back to

COELLO. Volver...[54] En realidad no se han separado nunca.

REY. ¿Y me lo teníais oculto?

PACHECO. Habías prohibido terminantemente toda referencia a esos amores.

REY. Pero ahora, con la Infanta aquí ... ¿cómo no se me advirtió [55] a tiempo?

COELLO. Esperábamos que su presencia haría a tu hijo entrar en razón.[56]

ALVAR. ¿Quién iba a suponerle capaz de llegar a este extremo?

REY. ¿Es que no le conocéis acaso? ¡Ese potro sin freno!

PACHECO. Tampoco imaginábamos que tú pudieras estar tan ignorante de la situación.

REY. Desde que se nos hizo imposible [57] vivir juntos, apenas le veo ni cambio con él una palabra.

PACHECO. Pues es el comentario [58] del país entero.

ALVAR. Ellos mismos no se cuidan de guardar el menor recato.[59]

COELLO. Y el escándalo ya has visto que corre de boca en boca por mesones y caminos.

REY. Siempre es lo mismo: cuando se trata de una esposa, todos lo saben menos el marido; cuando es un hijo, todos lo saben menos el padre. ¿De manera que otra vez esa mujer? ¿No le bastó ser desterrada de la corte?

MAESTRE. Perdón, pero ahora no es ella la que ha faltado a su destierro; es la corte la que ha venido a Coímbra. ¡A las puertas de su misma casa!

---

[54] **Volver...** Not exactly 'gone back'
[55] **¿cómo ... advirtió** why wasn't 1 warned
[56] **entrar en razón** come to his senses
[57] **se ... imposible** it became impossible for us
[58] **comentario** gossip
[59] **recato** discretion

Rey. Conque, ¿ésa era la choza de pastores donde estaba herido? ¿No podía siquiera esconder lejos sus caprichos y cumplir públicamente sus deberes?

Maestre. Ojalá no fuera más que un capricho. Desdichada-
5   mente es una pasión.

Rey. ¡Un príncipe no tiene derecho a sus pasiones!

Pacheco. Todavía ayer [60] fuimos a verle en un último esfuerzo para ahorrarte este momento, pero todo inútil.

Alvar. Ni súplicas ni amenazas valen nada con él.

10 **Coello.** Esa mujer lo tiene tan ciego que por ella sería capaz de todo: de lo mejor y de lo peor. Son sus propias palabras.

Rey. Ah, ¿entonces es un desafío? Perfectamente. Donde terminan las razones empiezan las órdenes. Maestre:
15   esta misma tarde, antes que caiga el sol, mi hijo besará aquí de rodillas la mano de la Infanta. Tú respondes por él.

TELÓN

---

[60] **todavía ayer**   only yesterday

The following words and idioms occur frequently in the next
scene. Learn to recognize them before you start to read.

angustia   anguish, suffering
cacería   hunting, hunt; **estar de —**   to be out hunting; game, object
  of hunt
castigo   punishment, retribution
elegir (i)   to choose
halcón *m.*   falcon, hawk
lucha   struggle, battle
luchar   to struggle, to fight, to contend
mirador *m.*   gallery with view, look-out
pazo   country estate, country house
trono   throne

*En el pazo de Santa Clara, orillas del Mondego. Planta
baja* [1] *con mirador al río.*
En escena Pedro y Fragoso ciñéndole las espuelas. [2]

PEDRO Y FRAGOSO

FRAGOSO. Es una pena dejar marchar a ese mercader con
sus halcones de África.

PEDRO. Mala cuna para halcones la tierra caliente. Pre-
5   fiero los míos de Islandia y Suecia.

FRAGOSO. ¡Si hubieras visto ésos! ¡Obedientes como perros,
pero feroces a la hora de la sangre! [3] Lo mismo [4]
atacan a la paloma en el aire que [5] a la cabra montesa
en el peñasco. [6]

10 PEDRO. Pero siempre a traición.

FRAGOSO. En menos de dos horas les he visto cobrar veinte
piezas. [7]

PEDRO. ¿Dejándose caer a plomo [8] o volando en círculos de
gavilán? [9]

15 FRAGOSO. Volando en círculos.

[1] **planta baja**   ground floor
[2] **ciñéndole las espuelas**   fastening on Pedro's spurs
[3] **de la sangre**   of the kill
[4] **Lo mismo**   Just as willingly
[5] **que**   as
[6] **cabra . . . peñasco**   the mountain goat on the cliff
[7] **cobrar veinte piezas**   retrieve twenty birds (*or animals of the chase*)
[8] **a plomo**   straight down (*like lead*)
[9] **de gavilán**   like a hawk

PEDRO. Entonces basta, Fragoso. Nadie como tú para la montería, pero el aire no es tu elemento.

FRAGOSO. Sin embargo, juraría que tienen las cuatro señales del halcón de raza: pupila negra, cabeza redonda, dos cuerpos de envergadura,[10] y enteras las diez primeras ⁵ plumas de las alas.

PEDRO. Con todo eso pueden no pasar de la cobardía a la rapiña.[11] En cambio ponlo contra la tormenta y arráncale de pronto el capuchón:[12] el que alza la cabeza y desafía al viento de frente, ése es el halcón de al- ¹⁰ tanería.[13] La primera condición[14] es el orgullo.

FRAGOSO. Desde hace un tiempo[15] eliges a tus animales buscándoles[16] cosas más propias de hombres.

PEDRO. Por eso mis mejores amigos son mis caballos y mis perros. ¹⁵

FRAGOSO. Entonces, ¿esos halcones africanos . . . ?

PEDRO. No quiero ni verlos. ¿Sabes por qué son tan sanguinarios y al mismo tiempo tan obedientes? Es que han nacido en una jaula, de toda una raza enjaulada también. Los que han nacido libres son más rebeldes, ²⁰ pero son los mejores. (*Se oyen lejos las campanas de Coímbra en repique de gloria. Entra Amaranta.*)

PEDRO, FRAGOSO, AMARANTA

AMARANTA. ¿Y ahora . . . ? ¿No irán a decirme otra vez que estoy soñando? Primero los tambores, después las ²⁵ banderas, ahora las campanas . . .

---

[10] **dos cuerpos de envergadura** the wing-spread two times the length of the body
[11] **pueden . . . rapiña** they may turn out to be nothing better than cowards and thieves
[12] **capuchón** hood
[13] **de altanería** high-flying
[14] **condición** requisite
[15] **Desde . . . tiempo** For some time
[16] **buscándoles** seeking in them for

PEDRO. ¿Qué campanas?

AMARANTA. Todas las de Coímbra. Las distingo una por una contestándose: los bordones [17] de la Seo, el retintín [18] de Santana, el bronce de Santa Cruz ... Y ahí mismo, junto al río, el esquilón de plata [19] de Santa Clara.

PEDRO. ¿Tú oyes alguna campana, Fragoso?

FRAGOSO. Ninguna, señor.

AMARANTA. ¿Pero es que quieren volverme loca entre los dos? Tampoco se ve nada raro desde ese mirador, ¿verdad? (*Se asoman los dos.*)

PEDRO. Lo de siempre: [20] el agua verde-oscura del Mondego.

AMARANTA. ¿No están todos los caminos alfombrados de espadaña? [21] ¿No bajan de Sierra-Estrella parejas a caballo coronadas de ramos? ¿No está Coímbra entera vestida de blanco?

PEDRO. ¿Tú ves algo blanco, Fragoso?

FRAGOSO. Nada, señor.

PEDRO. ¿Todo igual que ayer?

FRAGOSO. Todo lo mismo.

PEDRO. Muy bien; entonces anda a dar de comer [22] a los halcones. Al que está herido, tuétano molido con polvo de canela.[23] (*Sale Fragoso.*) ¿Has oído a tu marido?

AMARANTA. Ah, no. Nadie va a negarme lo que están viendo mis ojos.

PEDRO. Habrás visto visiones.

[17] **bordones de la Seo**   deep tones of the Cathedral bell
[18] **retintín**   ting-a-ling
[19] **esquilón de plata**   small silver bell
[20] **Lo de siempre**   The usual thing
[21] **alfombrados de espadaña**   carpeted with rushes
[22] **anda ... comer**   go feed
[23] **tuétano ... canela**   ground bone marrow and cinnamon powder

AMARANTA. ¿Y mis oídos? ¿También estoy oyendo visiones?

PEDRO. Escucha, Amaranta; por pequeña que tengas la cabeza,[24] procura meter dentro esta idea. Todo lo que ocurra hoy fuera de aquí es como si no existiera; pero aquí en el Pazo de Santa Clara hoy es un día cualquiera.[25] . . . como ayer . . . 5

DICHOS E INÉS, ENTRANDO

INÉS. Como anteayer, como mañana . . . Un simple día feliz, igual que todos los de esta casa. Es una orden de tu señor y el mío. ¿Entendido? 10

AMARANTA. Entendido, no; pero si es una orden . . . (*Ademán de salir.*[26]) ¿Algo más?

INÉS. Nada; que todo siga igual. ¿Qué estabas haciendo ayer?

AMARANTA. Bordaba las iniciales del señor en el pecho de 15 tu jubón nuevo.

INÉS. Entonces deshazlas y vuelve a empezar.

AMARANTA. ¿Por qué? ¿No están bien?

INÉS. Al contrario. Precisamente lo que está bien es lo único que se debe repetir. 20

AMARANTA (*sale haciéndose cruces*[27]). ¡Ave María Purísima! ¡Que el diablo me lleve si hoy entiendo una palabra!

INÉS Y PEDRO

INÉS. ¿Para qué las espuelas? ¿Ibas a salir? 25

PEDRO. Un galope por la sierra como de costumbre.

---

[24] **por . . . cabeza** no matter how small your brain is
[25] **un día cualquiera** just an ordinary day
[26] **Ademán de salir** She starts to leave
[27] **haciéndose cruces** crossing herself

INÉS. Yo en tu lugar tomaría la dirección contraria. La sierra la tienes todos los días. En cambio en Coímbra ... alguna fiesta grande están celebrando hoy.

PEDRO. No soy hombre de fiestas.

5 INÉS.Lo sé. ¡Pero de eso a mandar cerrar las puertas para que no entre ni salga nadie ... !

PEDRO. Tampoco soy curioso ni quiero que lo sea mi gente.

INÉS. Gracias, Pedro.

PEDRO. ¿Gracias por qué?

10 INÉS. Porque no aprenderás a mentir en tu vida, y porque es hermoso lo que estás queriendo hacer por mí. Pero ¿de qué sirve ya cerrar los ojos? Anoche no pudiste cerrarlos ni un momento.

PEDRO. ¿Me espiabas el sueño?

15 INÉS. No hacía falta; te oía latir las sienes [28] como látigos golpeándome la almohada.

PEDRO. Tampoco tú dormías. Lo fingías para tranquilizarme, pero había un jadeo [29] que te traicionaba. ¿Estabas rezando?

20 INÉS. Estaba contando uno por uno todos los minutos. Nunca había sabido lo larga que es una noche,[30] ni podría resistir otra así.

PEDRO. ¿Entonces también tú crees que ha llegado la hora?

INÉS. Cuanto antes mejor.[31] Por grande que sea el peligro [32]
25 no puede ser mayor que esta angustia de sentirlo acercarse y estar quietos esperándolo.

PEDRO. Siempre he preferido atacar mejor que [33] defen-

---

[28] **te ... sienes**   I felt the throbbing in your temples
[29] **jadeo**   panting
[30] **lo larga ... noche**   how long a night can be
[31] **Cuanto antes mejor**   The sooner the better
[32] **Por ... peligro**   No matter how great the danger
[33] **mejor que**   rather than

derme. Pero antes lo que tenía enfrente eran hombres
o lobos. Ahora es una mujer.

INÉS. Ojalá no fuera más que eso. Con una mujer la lucha
podría quedar entre nosotras dos. Pero la Infanta es
España.

PEDRO. Para mí no hay más España que tú.

INÉS. Ella tiene a su lado la voluntad del rey y detrás dos
ejércitos.

PEDRO. Tú me tienes a mí.

INÉS. ¿Contra tu padre?

PEDRO. ¡Contra Portugal entero!

INÉS. No, Pedro, eso no. Tu pueblo está por encima de ti.

PEDRO. ¿También tú vas a hablarme de mis deberes de
príncipe? Primero quiero ser un hombre, con todos
los deberes del hombre.

INÉS. Tienes un trono esperándote.

PEDRO. Sin tí, no.

INÉS. Tienes un alto destino que cumplir.

PEDRO. No es culpa mía si me han hecho un destino más
alto que yo.

INÉS. Son demasiados enemigos. ¿Con qué fuerzas vamos a
luchar?

PEDRO. Con la única verdadera que tenemos. La pasión.

INÉS. ¿Crees que esta vez será bastante?

PEDRO. Nunca hemos necesitado otra, y hemos pasado
juntos horas muy difíciles. ¿Por qué estás hoy tan
acobardada?

INÉS. No pienso en tu padre y en la Infanta solamente.
Pienso si no habrá algo más contra nosotros ... Algo
así como un castigo de Dios.

PEDRO. ¿Un castigo? ¿Por qué?

INÉS. Por exceso de felicidad.

PEDRO. No comprendo.

INÉS. Escucha, Pedro, voy a confesarte algo que ninguna mujer confiesa. Si la primera vez que llegaste a mi puerta, en lugar de prometerme amor eterno, me hubieras dicho que era sólo por aquella noche, me habría entregado lo mismo [34] para tener siempre algo hermoso que recordar. Cuando volviste al día siguiente pensé que eras galante. Cuando volviste otra vez creí que eras generoso. Y de repente, cuando ya no necesitaste volver porque ya no te fuiste, toda yo me puse a temblar [35] con ese miedo feliz de quien está viviendo un milagro. Te hubiera dado las gracias toda mi vida por una sola noche, y no ha sido una, ni cien, ni mil. ¡Son ya diez años llenos de ti día por día! ¿Será posible todavía más . . . o habrá un castigo allá arriba para los que hemos sido demasiado felices?

PEDRO. ¿Lo [36] eres en este momento?

INÉS. ¿Por qué lo preguntas si estoy contigo?

PEDRO. Porque es una felicidad bien [37] extraña la tuya, con los ojos húmedos. Una felicidad con todos los gestos de la tristeza, como si en vez de vivirla la estuvieras recordando.

INÉS. ¿No es eso lo que los portugueses llamáis 'saudade'?

PEDRO. No, saudade es la pena de ausencia que se siente lejos.

INÉS. ¿Qué es lejos para ti?

PEDRO. Otros árboles, otra manera de hablar, otro país.

INÉS. Demasiado. Para una mujer es lejos todo lo que está más allá de [38] sus brazos.

---

[34] **lo mismo**   anyway
[35] **toda yo . . . temblar**   I began to tremble all over
[36] **Lo**   *Do not translate.*
[37] **bien**   very
[38] **más allá de**   beyond the reach of

PEDRO. Saudade es dolor del bien perdido, y tú no has perdido nada aún.

INÉS. ¿No estoy perdiendo algo tuyo a cada momento? Cuando acabas de besarme ya siento saudades de aquel beso que se va. Cuando te duermes, aún no has 5 terminado de cerrar los párpados [39] y ya tengo saudades de tus ojos.

PEDRO. Es milagroso que podamos sentir tan igual siendo tan distintos. Tú la ternura y yo la fuerza. Para ti la caricia y la canción de cuna; para mí el grito y el 10 caballo.

INÉS. No podemos negar nuestra tierra: España tiene nombre de madre; Portugal, de galán. Eso es lo que me da miedo de ti.[40]

PEDRO. ¿La fuerza? 15

INÉS. La violencia. Es lo que te ha hecho siempre chocar con [41] tu padre, y es por donde puede venir [42] nuestra perdición. ¿Has pensado lo que vas a decirle?

PEDRO. Sabes de sobra [43] que yo primero hago las cosas. Para pensarlas queda tiempo después. 20

INÉS. Júrame por lo menos no decir nada que pueda ofender su orgullo.

PEDRO. No pensarás que voy a echarme a sus pies con bandera de rendición. Ni el ciervo [44] herido se entrega sin lucha. 25

INÉS. Inútil razonar contigo. Todas tus imágenes son de caza o de guerra. Hasta el amor es para ti como una cacería.

[39] **párpados**   eyelids
[40] **me da miedo de ti**   makes me worry about you
[41] **chocar con**   to come into conflict with
[42] **por donde puede venir**   from whence can come
[43] **de sobra**   only too well
[44] **ciervo**   deer

PEDRO. ¡Lo más apasionante! Una cacería en que tú eres al
mismo tiempo la corza[45] y el paisaje. ¡Y mis besos los
perros por todos los caminos desnudos de tu piel!

INÉS. No, Pedro, deja ahora esas palabras de fiebre.

5 PEDRO. ¡En este momento no quiero otras! Solamente las
que tengan tu sabor.

INÉS. ¿Pero qué te pasa? Te tiemblan las manos.

PEDRO. Será una cobardía pero estoy como esos soldados
que necesitan beber antes de pelear. ¡Y mi vino eres
10 tú! ¡Háblame sólo de ti! ¡Emborráchame de nosotros![46]

INÉS. ¿Qué puedo decirte? Precisamente ahora, cuando
más falta me hacen,[47] no encuentro ninguna palabra
hermosa.

15 PEDRO. Todas lo son cuando las dices tú. Hasta cuando
hablas de mis altos deberes. Pero ahora dime que mi
único deber se llama Inés de Castro. ¡Sobre todo, ese
nombre! Si quieres decirme las cien palabras más
hermosas del mundo, repíteme cien veces tu nombre:
20 ¡Inés de Castro! ¡Inés de España! ¡Inés de Pedro!
¡Inés del cielo y de la tierra . . . !

INÉS. Loco . . . ¡Mi loco querido! (*Se besan largamente,
Entra Fragoso.*)

DICHOS, FRAGOSO Y LUEGO EL MAESTRE

25 FRAGOSO. Señor . . . El Maestre pide licencia.[48]

PEDRO. ¡Adelante los amigos! ¿Desde cuándo necesita licencia mi gente para entrar en su casa? (*Entra El Maestre.
Fragoso se retira.*)

---

[45] **corza** deer
[46] **Emborráchame de nosotros** Let me be drunk with our closeness
[47] *The understood subject of* **hacen** *is* **palabras hermosas.**
[48] **licencia** permission (*to enter*)

INÉS. ¿Has olvidado en ese viaje a Castilla que tu vaso y tu sitio están siempre aquí esperándote?

MAESTRE. Gracias, mi señora. Pero hoy es una triste misión lo que me trae.

INÉS. ¿De palacio? 5

MAESTRE. Una orden del Rey nuestro señor.

PEDRO. Lo esperábamos. Justamente en este momento iba a salir para ahorrarte camino. ¿Vamos . . . ?

MAESTRE. ¿Así, de repente?

PEDRO. ¿Puedo hacer otra cosa? 10

MAESTRE. No sé . . . pero es extraño verte obedecer. Francamente temía una de tus explosiones de cólera; una rebelión . . .

PEDRO. ¿Pagando tú las consecuencias? Creí que me conocías mejor. Con los amigos todo lo bueno; lo malo, 15 solo. Vamos cuando quieras.

MAESTRE. ¿Sabes siquiera cuál es la orden?

PEDRO. La imagino. No necesito preguntas.

INÉS. Yo sí.[49] Una sola. ¿Cómo es la Infanta? [50]

PEDRO. ¡Inés . . . ! 20

INÉS. Perdóname. Ya sé que es una pregunta demasiado pequeña, pero en este caso una mujer tiene derecho a ser pequeña. ¿Cómo es la Infanta?

MAESTRE. Orgullosa, nieta de reyes y de santos,[51] y tan rica que puede cabalgar desde Navarra hasta Granada 25 posando [52] cada noche en un castillo suyo.

INÉS. No te pregunto por su linaje ni por su riqueza.

MAESTRE. Generosa como los fuertes, leal con [53] el enemigo . . .

---

[49] **Yo sí**   I do (*want to ask a question*)
[50] **¿Cómo es la Infanta?**   What does the Infanta look like?
[51] *For Costanza's ancestry see the Introduction and Vocabulary.*
[52] **posando**   stopping
[53] **leal con**   fair toward

INÉS. No te pregunto por sus virtudes.

MAESTRE. Aficionada a los libros, un poco soñadora . . .

PEDRO. No te canses . . . Inés te está preguntando simplemente si es hermosa.

5 MAESTRE. Yo soy viejo soldado. Mal juez para hermosura.

INÉS. Pero en tu escolta iban [54] veinte capitanes jóvenes.
¿Qué decían ellos?

MAESTRE. A los jóvenes todo lo que es nuevo les parece
hermoso. Y más si viene de lejos.

10 INÉS. ¡Sin medias palabras! ¡Contesta claro!

PEDRO. ¿Por qué te importa tanto?

INÉS. Porque sería demasiado injusto. Ella es Infanta de
Castilla, marquesa de Villena, duquesa de Peñafiel y
Señora de cien señoríos.[55] Tiene para luchar contra mí
15   todo lo que vale ella, todo lo que han valido los
suyos,[56] y todas las fuerzas juntas de dos pueblos. ¿No
le basta todavía? ¿Será posible que, además, sea hermosa . . . ? ¡Contesta!

MAESTRE (*la mira un instante en silencio con una emoción*
20   *tranquila*). Sí, Inés. Además es hermosa. Tan hermosa
que hace falta estar [57] enamorado de ti para no enamorarse de ella.

INÉS (*sin voz*). Gracias, Maestre. Es todo lo que quería
saber.

25 MAESTRE. Adiós, mi señora.

PEDRO. Adiós, querida. (*Van a salir. Ella no puede dominar*
un grito.)

INÉS. ¡No . . . !

(*Pedro se detiene y cambia una mirada con el Maestre,*
30   *que sale.*)

54 **iban**   there were
55 **señoríos**   dominions
56 **los suyos**   i.e. *her family*
57 **hace falta estar**   one must be

PEDRO. Así no, Inés. Déjame llevar de ti una imagen fuerte.

INÉS. Perdón. Fue un escalofrío de repente, como si te estuviera viendo cruzar [58] esa puerta por última vez.

PEDRO. ¿Dudas de mí?

INÉS. De ti nunca. Sólo quiero decirte que, si a pesar de ⁵ todo son más fuertes que tú y no puedes volver, no tengas un remordimiento.[59] Me has hecho tan feliz que en cien años de vivir sola no tendría horas bastantes para bendecir las que me has dado juntos. ¡Gracias, mi amor . . . !   ¹⁰

PEDRO. ¡Mi siempre novia! (*Se besan. Se oyen lejos tambores.*) Esta noche pon a la mesa manteles de fiesta y el mismo vino de la primera vez. Será como volver a empezar. (*Llega corriendo el Infante Juan, niño.*)

INÉS, PEDRO Y JUAN   ¹⁵

JUAN. Espera . . . espera . . . Llévame contigo. Dicen que ha llegado a Coímbra una reina con su cortejo para casarse. ¡Quiero verla!

PEDRO. No, tú tienes algo mejor que hacer aquí.

JUAN. ¡Todos los niños van!   ²⁰

PEDRO. Pero tú no eres ya un niño pequeño. Quieres hacerme un favor de hombre?

JUAN. Pide.

PEDRO. Tu madre tiene miedo. Acompáñala.

(*Sale. Inés, sin dejar de mirar hacia la puerta, abraza* ²⁵ *al hijo de rodillas. Redoble* ⁶⁰ *lejano de tambores.*)

TELÓN

---

⁵⁸ **cruzar** go through
⁵⁹ **remordimiento** regret
⁶⁰ **redoble** beating

The following words and idioms occur several times in the next scene. Learn to recognize them before you start to read.

cereza   cherry
collar *m.*   necklace
consejero   counselor, adviser, member of a council
entrañas   entrails, inner organs, heart
galope *m.*   gallop, sound of galloping horses; **a —** or **al —**   at a gallop
jabalí *m.*   wild boar
odiar   to hate
pecado   sin
pecador *m.*   sinner
rodilla   knee; **doblar la —**   to kneel; **de — s**   kneeling
tender (ie)   to stretch out, to hand over, to give
vicio   vice

CUADRO TERCERO

En la sala del Alcázar, el mismo día.

EL REY, PEDRO Y MAESTRE

MAESTRE. La Infanta saludó una por una a las doncellas de su cortejo y se retiró a descansar rogando que, por hoy, no se la obligue a recibir ningún homenaje más. Naturalmente, con una sola excepción.   5

REY. Dile que esa única excepción acaba de llegar. (*Sale el Maestre.*) Te estoy mirando desde que cruzaste esa puerta y nunca te había sentido tan lejos; como algo mío que se me hubiera perdido en el camino.

PEDRO. Fuiste tú el que me dejó caer. Quizá te pesaba de-   10 masiado.

REY. No discutamos ahora de quien fue la culpa. El momento es lo bastante grave [1] para olvidar viejos resentimientos. ¿Vamos a tratar de entendernos lealmente como un padre y un hijo?   15

PEDRO. ¿Y por qué no simplemente como dos hombres?

REY. Pues sea, de [2] hombre a hombre. Hasta ahora he ido cerrando los ojos a tus extravíos de juventud. Has encontrado estrecha [3] mi corte de Lisboa y te he permitido tener la tuya de campo. Te has quejado de mi   20 tiranía, y te he dejado en plena libertad con tus despilfarros,[4] tus jabalíes y tus amantes. Pero ha llegado la

---

[1] **lo bastante grave** sufficiently important
[2] **de** as
[3] **estrecha** confining
[4] **despilfarros** extravagances

hora de cerrar ese capítulo. ¿Hasta cuándo vas a dar a tu pueblo el espectáculo de un hijo rebelde y un príncipe montaraz? [5]

PEDRO. Necesito el aire libre. Odio a tus cortesanos murmurando por los rincones, y siempre doblados [6] como buscando su dignidad por las alfombras.

REY. También los desprecio yo. Pero ¿crees que los que te rodean a ti son menos serviles?

PEDRO. Los míos hablan en voz alta, miran de frente y no bajan la cabeza nunca.

REY. Porque saben que eso es lo que te gusta. Es otra forma de la hipocresía.

PEDRO. ¡Cómo se ve [7] que no los conoces!

REY. ¿Estás seguro de que los conoces tú?

PEDRO. Aprendí con los animales. Los busco nobles como mis caballos, fieles como mis perros, y de cara a [8] la tormenta como mis halcones.

REY. ¡Bravo! Celebro que en plena juventud hayas aprendido de [9] los hombres lo que yo no pude aprender en toda una vida. Pero hoy no vamos a hablar de hombres sino de una mujer.

PEDRO. ¿Inés de Castro?

REY. Inés de Castro. Lamento de verdad que sea ella. Aunque bastarda, lleva una sangre hermana de la mía,[10] y en el fondo siempre la he querido bien.

PEDRO. Tienes una manera muy curiosa de demostrar tus cariños. La única vez que te ocupaste de [11] Inés fue para desterrarla.

---

[5] **montaraz** uncouth
[6] **doblados** bent over (*i.e., bowing*)
[7] **¡Cómo se ve** How obvious it is
[8] **de cara a** facing, defying
[9] **de** about
[10] *For Inés's family, see the Introduction.*
[11] **te ocupaste de** you bothered about

REY. Toda mi corte reclamaba vuestra separación.

PEDRO. Toda no: tus viejos consejeros, y sobre todo las viejas esposas de tus viejos consejeros. Es admirable como se odia el pecado cuando ya no se puede pecar.

REY. En una corte, peor que el pecado mismo es el escán- 5 dalo; y el vuestro más que ninguno.

PEDRO. ¿Tanto te ofende nuestro amor?

REY. Nunca he tolerado a mis cortesanos tener una amante y no iba a tolerárselo a mi hijo. Yo mismo he sido toda mi vida el hombre de una sola mujer. 10

PEDRO. Yo también. ¿Me has conocido alguna otra? [12]

REY. No lo pregones [13] como si fuera una virtud.

PEDRO. ¿No es una virtud la fidelidad?

REY. Sí... pero como todas las tuyas: generoso para tus placeres, valiente para tus aventuras, fiel para tus aman- 15 tes... No tienes una sola virtud que no sea para satisfacer un vicio.

PEDRO. Si Inés es mi vicio, como tú dices, tuya es la culpa.

REY. ¿Mía...?

PEDRO. ¿Me habrías permitido casarme con ella? 20

REY. Espero que no se te habrá ocurrido ni un momento semejante idea.

PEDRO. Pregunto simplemente. ¿Lo habrías permitido?

REY. No soy yo quien te lo prohibe. Es tu ley. Sabes bien que desde niño [14] estás destinado a una infanta espa- 25 ñola, como lo [15] fui yo, como lo [15] fue mi padre.

PEDRO. Pero ninguno de vosotros contra su voluntad. En cambio ¿quién ha consultado aquí la mía?

---

[12] **¿Me...otra?** Have you found me involved with any other woman?
[13] **pregones** announce
[14] **desde niño** since childhood
[15] **lo** *Do not translate.*

REY. Tú no puedes tener más voluntad que el bien de tu
pueblo. El matrimonio de un príncipe no pertenece
a su vida privada.

PEDRO. No es mi vida privada la que defiendo. Es la de Inés.

5 REY. Inés, ¡siempre lo mismo . . . ! Vas a enfrentar el momento más grave de tu vida y todas tus palabras se
reducen a un nombre: Inés, Inés . . . Pero ¿qué diablos
te ha dado esa mujer?

PEDRO. Diez años felices.

10 REY. Sí, sí, ya conozco esa canción: el amor. Linda palabra
para damas y trovadores. Pero demasiado pequeña en
esta ocasión.

PEDRO. ¿Si el amor no te parece bastante no has pensado
cuántos otros lazos [16] pueden unir a un hombre y una
15   mujer?

REY. Ninguno que no pueda cortarse.

PEDRO. ¿Sabes que tenemos hijos? (*El Rey vacila un instante.*) ¿Lo sabes?

REY. Sí.

20 PEDRO. ¿Y sabiéndolo no has sentido ni la curiosidad de
conocerlos?

REY. Sé que se crían sanos y fuertes. Fuera de eso, ni me
necesitan ni los necesito.

PEDRO. ¿Vas a renegar de [17] tu propia sangre?

25 REY. No me importa la sangre. Yo soy la ley, y todo lo que
esté fuera de la ley está fuera de mí.

PEDRO. No, no es posible . . . Por mucho que quieras [18]
esconderlas también tú tienes unas entrañas de
hombre.

---

[16] **lazos**   bonds
[17] **renegar de**   to deny
[18] **Por . . . quieras**   No matter how you try

Rey. No se gobierna con las entrañas.

Pedro. ¡Pero tampoco se puede gobernar sin ellas!

Rey. No insistas. Tus hijos no me pertenecen. No hablemos de ellos.

Pedro. Contéstame primero a una cosa; la última. 5

Rey. Dí.

Pedro *(se acerca. Tono íntimo)* . Por la noche, cuando desnudas tu pobre carne en tus sábanas frías ¿no has soñado nunca con el calor de un nieto?

Rey. Una sola vez, y fue un presagio que no quisiera recor- 10
dar.[19]

Pedro. ¿Tan malo era el sueño?

Rey. Era un niño luchando con un león. El niño estaba desnudo, sin más defensa que su propia pureza; y con sólo mirarlo hacía rodar por el suelo al león. 15

Pedro. No comprendo el sentido.

Rey. Yo sí. Reinar es un oficio que no admite[20] debilidades. A mi edad, cuando ya estoy duro para los hombres y viejo para las mujeres, mi único peligro puede ser un niño. Por eso desde aquel sueño yo no le pido a 20
Dios que no me deje caer en la tentación; pido simplemente que no me deje caer en la ternura. ¿Comprendes ahora?

Pedro. Ahora sí.

Rey. Entonces ¡por tu alma, Pedro! no obligues al viejo 25
león a luchar contra un inocente. Aparta de mí a tus hijos.[21]

Pedro. Está bien. No los conocerás. De todos modos, gracias. ¡Hacía tanto tiempo que no te oía una palabra caliente! *(Hay una pausa larga. La voz del padre, que* 30

---

[19] **que . . . recordar** which I would rather not remember
[20] **admite** allow
[21] **Aparta . . . hijos** Keep your children away from me.

se había acercado un momento al calor joven de Pedro,
vuelve a alejarse.)

REY. ¿Has pensado qué vas a hacer con Inés?

PEDRO. ¿Para qué? Cuando²² me has llamado supongo que
5 es para dictarme lo que ya tienes pensado²³ tú.

REY. Lo primero cortar esta situación de raíz.²⁴ Inés debe
empezar una vida nueva en cualquiera de mis castillos,
pero lejos. En la frontera de su Galicia, mejor.

PEDRO. ¿Es otro destierro lo que le estás ofreciendo o una
10 prisión de lujo?

REY. Un retiro tranquilo con su dotación,²⁵ sus tierras, y
su gente. Vivirá en él a todo honor como única señora,
con sus hijos y los servidores que ella misma elija. Si
es ambiciosa tendrá también un título.

15 PEDRO. ¡Espléndido! Como regalo no puede pedirse más.
Pero temo que, fuera de mí, no esté dispuesta a admitir regalos de ningún hombre.

REY. Yo no he dicho regalo. Prefiero llamar a las cosas por
su nombre.

20 PEDRO. ¿Un precio? Peor. Yo conozco a las mujeres mejor
que tú, y a la hora del precio te juro que no hay quien
las entienda: por un poco de amor piden una fortuna;
por todo el amor no aceptan nada.

REY. Eso de ti depende. ¿Crees que Inés vacilaría ante el
25 mayor sacrificio si se lo pides tú?

PEDRO. Iría a la muerte con los ojos cerrados.

REY. ¿Entonces . . . ?

PEDRO. Por eso mismo no se lo puedo pedir. Contra los dos,
lo que quieras. Contra ella sola, nada.

30 REY. ¿Hasta ese punto te tiene atado de pies y manos?

²² **Cuando** since
²³ **pensado** planned
²⁴ **cortar . . . raíz** to stop this affair completely
²⁵ **dotación** financial provision

PEDRO. ¡Mucho más! Me tiene atados los oídos y los ojos, me tiene atados el pulso y el aliento.

REY. ¡Calla! Vergüenza me da oírte ese lenguaje de alcoba indigno de un hombre entero.

PEDRO. No pensabas eso de mí cuando peleábamos juntos. [5] Muchas veces me viste alejarme en las batallas, pero nunca hacia atrás.

REY. Aquel hijo es el que quisiera aquí. Entonces eras un perfil para grabar en un escudo.[26] Y mira lo que eres ahora: ¡un corazón bordado en una camisa de mujer! [10]

PEDRO. No insultes a quien no puede defenderse.

REY. ¡Defiéndete! ¡Te lo mando! Suelta de una vez al hombre verdadero que llevas dentro.

PEDRO. Por lo que más quieras; terminemos . . .

REY. Así no. La Infanta va a llegar y necesito una con-[15]testación redonda ahora mismo.

PEDRO. No tengo más que una respuesta para todas tus preguntas: Inés.

REY. ¿Es tu última palabra?

PEDRO. Y la primera y la única. Arráncamelas todas [27] y [20] si alguna me queda aferrada a la garganta seguirá siendo [28] ésa: Inés, Inés, Inés . . .

REY. ¡Una amante que hay que esconder como una vergüenza! ¿No has podido encontrar siquiera una razón más honrosa? [25]

PEDRO (*excitado*). ¿Razones? Todo mi cuerpo joven odia esa palabra. Razones para los mercaderes y los leguleyos,[29] razones para los cómodos y los cobardes, razones para destruir a una mujer . . . ¡Siempre que no se

[26] **eras . . . escudo**   you were like something graven on a shield
[27] **Arráncamelas todas**   Tear them all from me
[28] **seguirá siendo**   will still be
[29] **leguleyos**   shyster lawyers

tiene razón [30] hay que buscar razones! Es el recurso de
los viejos.

REY. ¡Basta, Pedro!

PEDRO. ¡No basta! ¡Si quieres conocerme entero tendrás
5   que oír mucho más!

REY. ¡Silencio, digo! Todo lo que podíamos decirnos de
hombre a hombre terminó. ¡Ahora es tu rey el que va
a hablar!

PEDRO (*se domina y retrocede*) . Perdón.

10   REY. Inés dispondrá su viaje inmediatamente. Tu puesto
desde ahora está al lado de la Infanta. Todo hombre
o mujer que se oponga a esa boda es un enemigo de
Portugal.

PEDRO. Padre . . .

15   REY. Son órdenes terminantes. Entre nosotros dos queda
dicho todo.[31]

(*Entra el Maestre.*)

MAESTRE. Señor: Su Alteza la Infanta de Castilla. (*Entra
la Infanta con sus Damas y Pajes.*)

20   REY. Adelante, hija. Príncipe Pedro: tengo el honor de
presentarte a tu esposa la Infanta Costanza Manuel.
Ojalá sepas hacerte digno de ella.

PEDRO. Señora . . . (*Le besa la mano de rodillas. El Rey
sale seguido por el Maestre.*)

25   INFANTA, PEDRO, DAMAS Y PAJES

INFANTA. No hubiera hecho falta ninguna presentación.
Durante el viaje me hablaron tanto de ti que te habría
reconocido con una sola mirada.

---

30 **Siempre . . . razón**   Whenever one is wrong
31 **queda dicho todo**   everything has been said

PEDRO. También a mí me dieron un buen consejo para encontrarte: entre cien mujeres busca a la más noble y entre cien nobles a la más hermosa.

INFANTA. Gracias. Sé que entre vosotros la galantería es un lenguaje natural, pero en este caso creo que sería 5 mejor empezar al revés, como con las cerezas.

PEDRO. ¿Qué cerezas?

INFANTA. Una manía que me quedó de niña: [32] las amargas, por delante; las dulces, al final.

PEDRO. Es nuestra primera conversación. ¿Por qué piensas 10 que tiene que haber palabras amargas?

INFANTA. Sospecho que tendrá que haberlas algún día y las prefiero cuanto antes.[33] Ahora mismo, mejor.

PEDRO. Eres valiente.

INFANTA. Soy leal y es lo que espero de ti. 15

PEDRO. Aceptado. También yo lo prefiero así. Pero lo que tengo que decirte es demasiado íntimo. ¿Es necesario que nos escuchen tus damas?

INFANTA. Aquí no. Conocen las costumbres de palacio y pueden escuchar perfectamente al otro lado de la 20 puerta. Elvira ... Leonor ... (*Salen Damas y Pajes.*)

LA INFANTA Y PEDRO

PEDRO. No quisiera haberte hecho esta ofensa de presentarme el último.

INFANTA. No vale la pena. Oficialmente ya he recibido 25 todas las disculpas posibles. Estabas lejos, en una cacería.

PEDRO. No. No estaba de cacería.

INFANTA. Te habías perdido con la niebla en las montañas ... 30

---

[32] **que ... niña**   which I have had since childhood
[33] **cuanto antes**   as soon as possible

PEDRO. Tampoco. Conozco mis montañas palmo a palmo . . .[34]

INFANTA. Pues no sé . . . una caída de caballo . . . una herida . . .

5 PEDRO. Ni herida ni caballo. Para que yo falte a una cita de mujer [35] no puede haber más fuerza que una.

INFANTA. ¿Otra mujer?

PEDRO. ¿Lo sabías?

INFANTA. No; recordaba una canción de estudiantes . . .
10   con unos ojos de esmeralda, y un nido escondido a la orilla del río. Pero estoy segura de que no puede referirse a ti.

PEDRO. ¿Por qué tan segura?

INFANTA. Porque es la historia de un pecador empeder-
15   nido.[36] ¿Y cómo puedo creer eso de un príncipe que tiene entre sus abuelos a Santa Isabel de Aragón, San Humberto de Saboya y Santa Isabel de Hungría? [37]

PEDRO. Por eso mismo,[38] señora. Una familia que ha producido tantos santos tiene derecho a un pobre pecador.

20 INFANTA. ¿Es decir que no estás dispuesto a negar nada? Escándalo, rebeldía, mujeres . . .

PEDRO. Mujeres, no. Una sola.

INFANTA. No pensaba preguntarte por ella. Me bastaría tu palabra de que eso terminó definitivamente.

25 PEDRO. Perdón, pero creo que no nos hemos entendido bien. Quizá en vez de decir una mujer he debido decir un amor.

INFANTA. ¿No es lo mismo?

[34] **palmo a palmo**   like my own hand
[35] **Para . . . mujer**   For me to miss a date with a woman
[36] **empedernido**   incorrigible
[37] *For the Prince's family, see the Introduction and the Vocabulary.*
[38] **Por eso mismo**   For that very reason

PEDRO. Casi nunca. A una mujer la tenemos; un amor nos tiene.

INFANTA. ¿No querrás decir que me has dejado llegar hasta aquí sin romper antes con ella?

PEDRO. No pude evitarlo. Cuando supe [39] tu viaje era ya 5 tarde.

INFANTA. ¿Y después? . . . ¿Y ahora mismo? . . . ¿Tan poco importante soy que puedes ir cada día dejándome para mañana?

PEDRO. Ni mañana ni nunca.   10

INFANTA. ¡Nunca! . . . ¿Y para esto me has traído a tu país? . . . ¿Para arrastrar mi nombre por los caminos entre coplas de escarnio [40] y risas de estudiantes? Gracias, Pedro; es un regalo de boda que no esperaba.

PEDRO. Te juro que me duele hacerte daño, pero es mejor 15 que lo sepas desde ahora. Pase lo que pase no habrá fuerza humana capaz de separarme de Inés.

INFANTA *(inmóvil, sin voz, mirándose las manos)* . Es asombroso . . . asombroso . . .

PEDRO. ¿También tú piensas que este lenguaje es indigno 20 de un hombre?

INFANTA. No eres tú lo que me asombra; soy yo misma. [41] No he dormido imaginando lo que podría ocurrirme si llegaba este momento, y todo lo había previsto menos esto. Me imaginaba las manos agarrotadas [42] de 25 ira, el ramalazo [43] del orgullo, las rodillas luchando por no doblarse . . . Hasta una posible vergüenza y un

---

[39] **supe**   I learned of
[40] **entre . . . escarnio**   in mocking verses
[41] **soy yo misma**   it is I myself
[42] **agarrotadas**   clenched, clawlike
[43] **ramalazo**   smarting

posible dolor. Pero no. No hay vergüenza ni orgullo.
Y el pulso sigue firme. Solamente un asombro infinito
lleno de preguntas.

PEDRO. ¿Cuáles?

5 INFANTA. En un platillo de la balanza está tu rey y tu
pueblo; en el otro no hay más que una mujer, ¿y la
mujer pesa más?

PEDRO. Si te hubieras enamorado una vez no lo pregun-
tarías.

10 INFANTA. Pero entonces, ¿qué mujer extraordinaria es ésa?

PEDRO. No hace falta nada extraordinario. Lo mejor de los
milagros es que no necesitan justificación.

INFANTA. ¿Noble?

PEDRO. Menos que tú.

15 INFANTA. ¿Bella?

PEDRO. Las canciones hablan de su cuello de garza y sus
ojos como dos esmeraldas.

INFANTA. ¿Su nombre?

PEDRO. Inés de Castro.

20 INFANTA. ¿Española?

PEDRO. Gallega, que es la manera más hermosa de empezar
a ser portuguesa.

INFANTA. ¡Pero no puede ser una mujer como otra cualquiera! [44] ¡Algún misterio tiene que tener!

25 PEDRO. Uno solo. Que le gusta hilar con sus campesinos,
llorar para ella sola y reír para todos, vendimiar sus
viñas [45] y amasar [46] su pan. Después de lo cual, todos
los días le sobran veinticuatro horas para querer.

INFANTA. No lo entiendo.

---

[44] **como otra cualquiera**   no different from any other
[45] **vendimiar sus viñas**   to gather her grapes
[46] **amasar**   to knead

PEDRO. Todavía es pronto. Y ahora que hemos terminado nuestras cerezas amargas ¿puedo pedirte una cosa antes de retirarme?

INFANTA. Dí.

PEDRO. Estoy seguro de que hubiéramos sido dos buenos 5 amigos. Pero ya que la vida no nos deja, prométeme por lo menos que seremos dos buenos enemigos.

INFANTA. Eso sí.[47] ¡Con toda el alma! (*Le tiende la mano, que él besa.*)

PEDRO. Gracias, Costanza Manuel. (*Sale. La Infanta pasea* 10 *agitada llevándose la mano al collar, que parece sofocarla. Entran las Damas.*)

LA INFANTA, ELVIRA, LEONOR

INFANTA. Habéis oído, supongo.

ELVIRA. ¡Ojalá no hubiéramos tenido que escucharlo 15 nunca!

INFANTA. ¡Entonces sobran palabras! ¡Dos buenos enemigos, pero a luchar desde ahora mismo! ¿Cuándo es esa cacería que nos ofrece el Rey?

LEONOR. Mañana en Monte-Esperanza. Una batida[48] al 20 jabalí.

INFANTA. Vas a demostrar que eres mi mejor amazona.[49] Escucha bien. Mañana, al cruzar el Mondego, haz encabritar[50] tu caballo para llamar la atención, y de repente, como si se desbocara,[51] lánzate a galope pi- 25 diendo auxilio para que todos te sigan. Llévalos monte arriba, lo más lejos posible.

[47] **Eso sí**   Yes indeed
[48] **batida**   hunt
[49] **amazona**   horsewoman
[50] **encabritar**   to rear
[51] **se desbocara**   he were out of control

LEONOR. ¿Y tú vas a quedarte sola en pleno campo?

INFANTA. A mí me espera otra cacería más tentadora: una corza blanca a la orilla del río.

ELVIRA. ¿Ella? ... (*Se santigua rápida.*) Quiera Dios que
5 todo esto no nos traiga desgracia.

(*Suena lejos una campana. Otra más cerca le contesta. Y otra, y otra.*)

INFANTA. ¿Quién habla de desgracia en un día como éste? ¿No oyes esas campanas repicando por mí? Y esas ven-
10 tanas llenas de banderas ... y los naranjos en flor ... ¡y los barcos de alta mar! ... ¡Todo Portugal se ha vestido de fiesta para mi boda! ¿Qué más puedo pedir? (*Se le quiebra la voz y se arranca el collar.*) Toma ... Tira ese collar. ¡Me ahoga! ...

15 LEONOR (*recogiéndolo del suelo*). Pero mi señora ... ¡Unas esmeraldas tan hermosas!

INFANTA. ¡No quiero verlas más! Parecen ojos de mujer. (*Se dirige rápida a la salida. Repican todas las campanas de Coímbra.*)

TELÓN

ACTO *SEGUNDO*

The following words and phrases occur several times in the second act. Learn to recognize them before you start to read.

adivinar   to guess
adquirir (ie)   to acquire
canción   song; — **de amigo**   *special type of medieval Portuguese love song; see Vocabulary*
jauría   pack of dogs
látigo   whip
maravilloso   marvelous, wonderful
matrimonio   marriage
papa *m.*   Pope
pergamino   sheet of parchment *(used for writing)*
por ahí   around here, all around
rencor *m.*   anger, bitterness, grudge
rostro   face
silbar   to whistle
umbral *m.*   door, threshold, doorway

Mañana de sol en el Pazo. Fragoso asomado al mirador.[1] Se oyen lejos trompas de caza. Entra Pedro, de [2] montero, terminando de ajustarse el jubón de cuero [3] sobre el que ciñe luego, en bandolera,[4] la colodra de cuerno y el cinturón tachonado de plata,[5] con tahalí [6] y cuchillo, que le tiende Fragoso.

PEDRO Y FRAGOSO

PEDRO. ¡Al fin! . . . Buena hora para empezar una cacería, con el sol ya alto secando los rastros.

FRAGOSO. En este momento entran en el soto.[7] (*Le tiende el cinto.*) Tienes tiempo de sobra para alcanzarlos al [5] pasar el río.

PEDRO. ¿Van por el puente?

FRAGOSO. Por el vado.[8]

PEDRO. Debí figurármelo. A las mujeres y a los caballos les encanta cruzar los ríos; a ellos para beber y a ellas [10] para mirarse en el agua.

FRAGOSO. ¿Crees que puede llegar a tanto [9] su coquetería?

---

[1] **asomado al mirador** looking out from the balcony
[2] **de** dressed as
[3] **jubón de cuero** leather jacket
[4] **bandolera** belt
[5] **colodra . . . plata** horn water-bottle and silver-studded belt
[6] **tahalí** shoulder belt
[7] **soto** grove
[8] **vado** ford
[9] **llegar a tanto** go to such an extreme

PEDRO. Hasta te diría como van [10] vestidas sin haberlas
visto. ¿A que no va ninguna de [11] azul ni de amarillo?

FRAGOSO. ¿Por qué no?

PEDRO. ¿En el campo? Son los colores que peor entonan [12]
5   con el verde.

FRAGOSO. Acabarán convirtiendo el monte en un sarao.[13]
Mucho palafrén [14] blanco, mucho jubón de terciopelo
y, por supuesto, todas armadas con ballesta.[15] Yo pro-
hibiría esas armas demasiado cómodas para matar
10   desde lejos.

PEDRO. De acuerdo, Fragoso. El día que el animal no tenga
defensa y el hombre no corra peligro, la montería no
tendrá derecho a llamarse una pasión.

FRAGOSO. Ojalá no lleguemos a verlo, pero algunos ya están
15   pensando aplicar a la caza esos polvos cobardes que
han inventado los infieles para la guerra.

PEDRO. ¿La pólvora? [16] Nunca. Para un cazador de raza, no
puede haber nada como esa emoción de oír a los perros
latiendo el rastro,[17] sentir venir al jabalí por el ma-
20   torral [18] como una furia levantando astillas [19] . . . ¡y ese
momento único de esperarlo a pie firme, con tu buena
jabalina en la derecha y en la izquierda el cuchillo
cachicuerno! [20] (*Ladridos cerca.*) Sujeta a la jauría;
ya les dio el barrunto [21] y están mordiendo la traílla.[22]

---

[10] **van**   are
[11] **¿A que . . . de**   Do you want to bet that no one of them is wearing
[12] **entonan**   agree
[13] **sarao**   tea party
[14] **mucho palafrén blanco**   many a white pony
[15] **ballesta**   cross-bow
[16] **pólvora**   gunpowder
[17] **latiendo el rastro**   barking as they follow the scent
[18] **matorral**   thicket
[19] **levantando astillas**   making the splinters fly
[20] **cachicuerno**   horn-handled
[21] **ya . . . barrunto**   now they have caught the scent
[22] **traílla**   leash

(*Sale Fragoso. Pedro se pone el fieltro de caza, al tiempo que entra Amaranta con gran alharaca* [23] *de invocaciones y sollozos.*)

PEDRO, AMARANTA. LUEGO INÉS

AMARANTA. ¡Ah, esto por los Cuatro Evangelistas que [24] no! ¿Qué digo [25] los Cuatro Evangelistas? ¡Por los Doce Apóstoles que no! ¿Qué digo los Doce Apóstoles? ¡Por las Once Mil Vírgenes que no y que no y que no! Antes perder [26] los ojos que ver semejante cosa.

PEDRO. Calma, Amaranta, que en el cielo no es cuestión de número. ¿Traes alguna queja?

AMARANTA. ¡Ay, mi señor de mi alma, si no fuera más que una queja!

PEDRO. ¿Algún disgusto?

AMARANTA. ¡Ay, mi señor de mi alma, si no fuera más que un disgusto!

PEDRO. Una catástrofe no será.

AMARANTA. La peor de todas. Ese niño, ese niño que era toda mi vida . . . Y ahora, de repente . . .

PEDRO. ¿Juan? ¿Le ha ocurrido al niño alguna desgracia?

AMARANTA. ¿Al niño? ¡Cómo, señor! ¿Había de ocurrirle una desgracia al niño y estaría yo viva todavía?

PEDRO. ¿Un accidente? . . . ¿una herida? . . .

AMARANTA. ¿Cómo una herida? ¿Habría de estar herido mi ángel y yo aquí tan tranquila?

PEDRO. ¿Pero entonces, qué, de una maldita vez? [27] ¿Qué ocurre con el niño?

---

[23] **alharaca** commotion
[24] **que** *Do not translate.*
[25] **¿Qué digo** Why do I say
[26] **Antes perder** I would rather lose
[27] **de una maldita vez** once and for all

AMARANTA. Que ya no me quiere, señor. En este mismo momento he tenido la prueba.

PEDRO. ¡Acabáramos! [28] ... ¿Tanto trueno para esa lluvia? (*Entra Inés con una pequeña arqueta de marfil.*[29])

5 AMARANTA. ¿Le parece poco? ¿Yo que daría la vida por él, verme rechazada así? ¡No me quiere, no me quiere ya!

INÉS. ¿Quién no te quiere en esta casa?

AMARANTA. El niño, mi señora. Basta que yo no pueda resistir una cosa para que él se divierta haciéndola.
10 ¿Que me asustan los caballos? Pues él al galope. ¿Que el viento sacude los árboles? Pues a trepar al más alto. ¿Que cruzamos el río? ¡Pues al agua de cabeza!

INÉS. Está en la edad en que todo peligro es una tentación.

AMARANTA. No, no es el peligro. Lo que le hace feliz es
15 verme sufrir a mí. ¡Y cuantas más lágrimas, mejor! ¿Dónde se ha visto? ¡Un arrapiezo que no levanta así [30] ... ¡y ya le gusta hacer llorar a las mujeres como si fuera un hombre!

PEDRO. En resumen, ¿puede saberse qué nueva crueldad se
20 le ha ocurrido hoy?

AMARANTA. Me ha expulsado de su cuarto y cerró de un portazo.[31]

INÉS. No es posible. ¿Por qué?

AMARANTA. Fui a desnudarlo para darle un baño y se de-
25 fendío como un lobezno.[32] Al principio creí que era jugando,[33] pero de pronto se me cuadró [34] con una voz que no le había oído nunca diciendo: ¡Basta de mujeres! Desde hoy me baño yo solo.

---

[28] **¡Acabáramos!** So that's it at last!
[29] **arqueta de marfil** ivory chest
[30] **Un arrapiezo ... así** A little rascal only *this* tall
[31] **de un portazo** with a bang
[32] **lobezno** wolf cub
[33] **era jugando** he was just pretending
[34] **se me cuadró** he stood up to me

PEDRO. ¿Y eso fue todo? Entonces duerme tranquila. No es que no te quiera; lo que le pasa a ese muchacho es que está creciendo.

INÉS. Anda, anda, vuelve con él. Y una advertencia: antes de entrar, llama a la puerta. 5

AMARANTA. Iré porque lo manda mi señora, pero yo ya estoy terminada,[35] y dentro de poco terminarás tú también . . . y un buen día, cuando vayas a darte cuenta, ya habrán empezado las otras.[36] ¿Por qué crecerán, Señor? (*Sale.*) 10

INÉS Y PEDRO

INÉS. Amaranta tiene razón; desde ahora cada paso que dé será para alejarse de mí.

PEDRO. ¡Enrevesadas mujeres![37] El miedo a perderlo, nunca os deja gozar en paz lo que tenéis. 15

INÉS. Dicen que no hay sol sin sombra.

PEDRO. ¿Vas a ponerte triste ahora? Hace un momento, al entrar, traías ojos de alegría.

INÉS. Acababa de recibir un regalo tuyo.

PEDRO. ¿Yo te he hecho un regalo hoy? 20

INÉS. Hace tiempo. Lo creía perdido y al encontrarlo revolviendo este cofre fue una sorpresa feliz, como si me lo regalaras por segunda vez.

PEDRO. ¿Tanto valor tiene?

INÉS. No se puede medir. 25

PEDRO. ¿Oro?

INÉS. Más.

PEDRO. ¿Joya?

---

[35] **estoy terminada**   he is through with me
[36] **ya ... otras**   soon he'll be after other women
[37] **¡Enrevesadas mujeres!**   You women are complex!

INÉS. Más. Es un recuerdo con una fecha. ¿Adivinas?

PEDRO. Poco trabajo me va a costar. Total entre nosotros sólo hay tres fechas inolvidables.

INÉS. ¿Tres nada más?

5 PEDRO. Tres: la primera, la última, y las otras.

INÉS (*sonríe, es casi un juego con un dejo leve de emoción*). Pues la primera no es.

PEDRO. ¿Ni la última?

INÉS. Tampoco.

10 PEDRO. Diablo, entonces va a ser más difícil; las otras son demasiadas.

INÉS. Una señalada entre todas.

PEDRO. ¿Aquí?

INÉS. Lejos.

15 PEDRO. ¿Una parva [38] de trigo, camino de Évora?

INÉS. Mejor.

PEDRO. ¿Una barca, de noche, en las salinas [39] del Douro?

INÉS. Mejor. Piensa en el día más hermoso de nuestra vida.

PEDRO. ¡Hemos tenido tantos!

20 INÉS. Como aquél ninguno.

PEDRO. Ayúdame un poco. ¿Norte o sur?

INÉS. Norte. Invierno. Una ciudad toda cubierta de nieve . . . Tú dijiste: 'Se ha vestido de blanco por ti.'

PEDRO. No digas más: hace siete años, en Braganza, primero
25 de enero.

INÉS. ¡Por fin!

PEDRO. ¿Quieres que te repita el juramento?

INÉS. No hace falta. Gracias, mi bien. (*Se abrazan sonrientes.*)

30 PEDRO. ¿Y el regalo?

---

[38] **parva** heap
[39] **salinas** salt marshes

INÉS (*sacando del cofre un pequeño pergamino*). Esta canción de tu puño y letra.[40]

PEDRO. ¿Mía? ¿Yo he escrito versos alguna vez?

INÉS. La encontramos empezada,[41] quizá por tu abuelo el rey Dionís. Es lo que llaman en mi Galicia una 'canción de amigo,' y por eso la terminaste para mí. ¿La recuerdas ahora? 5

PEDRO. Si empiezas tú, sí. (*La toma de la cintura y se responden musicalmente, los ojos en los ojos.*)

INÉS. 'Mis ojos van por la mar,—buscando van Portugal ... 10

PEDRO. 'Tus ojos van por el río ...

INÉS. 'Buscando van a mi amigo.

PEDRO. 'Tus ojos van por el aire ...

INÉS. 'Buscando van a mi amante.

PEDRO. '¿Dónde tus ojos se posarán?[42] 15

INÉS. '¡Sobre los ojos de mi galán!'

(*Se oye una trompa muy cerca, galopes, ladridos de jauría y la voz de Fragoso, que llega corriendo.*)

INÉS, PEDRO, FRAGOSO

FRAGOSO. ¡Señor! ... ¡Mi señor! ... (*Entra.*) ¡A una dama de la Infanta se le desbocó[43] el caballo y va como una centella hacia la barranca! 20

PEDRO. ¿Y los monteros?

FRAGOSO. Todos detrás por la cañada[44] entre gritos y perros. ¡No conseguirán más que espantarlo más! 25

PEDRO. ¡Imbéciles! Hay que atajarla como sea.[45] Tú por

---

[40] **de tu puño y letra** in your own handwriting
[41] **la encontramos empezada** i.e. **la canción**
[42] **se posarán** will come to rest
[43] **se le desbocó** got out of control
[44] **cañada** glen
[45] **Hay que ... sea** We must intercept her any way we can

la Cruz de Piedra. Yo por los Tres Castaños. ¡Pronto!
(*Salen.*)

INÉS. ¡Pedro! ... ¡Pedro! ... (*Va al ventanal y desde allí
los sigue con la mirada. Trompas y ladridos alején-*
5   *dose. Pausa. Cuando se pierde el último rumor, Inés
se aparta del mirador y se santigua tres veces lentamente.*) ¡San Cristobalón, patrón de los caminos,
guárdamelo! ¡San Humberto, patrón de cazadores,
guárdamelo! ¡Santa María Gloriosa, esperanza nuestra,
10   guárdamelo! Amén. (*Se asoma al umbral interior y
llama.*) ¡Amaranta!

Voz DE AMARANTA, DENTRO. ¿Mi señora?

INÉS. Atención con los niños. Hasta que no [46] vuelvan los
cazadores, que no salga nadie.

15 Voz. Así se hará.

(*Inés recoge el pergamino, que se le ha caído con el
sobresalto, y resbala una mirada por él [47] murmurando
apenas:*)

INÉS. Braganza ... primero de enero ... (*Va a guardarlo
20   en el cofrecito, entre otros recuerdos que acaricia
pensativa. En el vano [48] de la salida ha aparecido la
Infanta, de amazona.[49] Pausa larga mirándola con los
ojos fijos. Inés, como si sintiera en la espalda el frío
de la mirada extraña, se vuelve repentinamente.*)

25   INÉS Y LA INFANTA

INÉS. ¿Quién anda ahí? (*La Infanta avanza unos pasos sin
contestar.*) ¿Quién?

INFANTA. ¿Inés de Castro?

---

[46] **no**   *Do not translate.*
[47] **resbala ... él**   looks slowly at it
[48] **vano**   opening
[49] **de amazona**   dressed in riding clothes

INÉS. ¿Con qué derecho entras así en mi casa?

INFANTA. ¿Tuya? Disculpa; me habrán informado mal, pero me dijeron que era del príncipe Pedro, y por eso creí tener derecho.⁵⁰

INÉS. Ah, entonces, comprendo . . . ¿Constanza Manuel? ⁵

INFANTA. Mis damas me llaman por el título y acostumbran a doblar la rodilla para saludarme. No lo exijo, pero lo agradezco.

INÉS *(con fría inclinación)* . Dios guarde a la Infanta.

INFANTA. Que Él te acompañe, Inés. *(Da unos pasos sin* ¹⁰ *mirarla, contemplando la casa.)* Me gusta la casa y el lugar. ¿Es lo que llaman el Pazo de Santa Clara?

INÉS. El mismo.

INFANTA. Si no recuerdo mal lo fundó la Reina Santa, para que los príncipes vivieran en él con sus esposas. ¿No ¹⁵ es así?

INÉS. No sé si el testamento dice sus esposas, o simplemente sus mujeres.

INFANTA. Yo sí. Dice textualmente "sus esposas legítimas."

INÉS. Por lo visto has estudiado bien la historia de la ²⁰ familia.

INFANTA. Me interesaba mucho puesto que va a ser la mía. *(Se acerca y la mira fijamente. Inés sostiene firme la mirada.)* ¿Y tú? . . . ¿Tienes siempre los ojos tan grandes o es la sorpresa? ²⁵

INÉS. Una sorpresa a medias,⁵¹ porque no podía imaginar cómo ni cuándo, pero estaba segura de que este encuentro tenía que llegar.

INFANTA. ¿Entonces, qué es lo que te extraña?

INÉS. El momento que has elegido. ¿Sabes que precisamente ³⁰

---

⁵⁰ **creí tener derecho** I thought I had a right
⁵¹ **una sorpresa a medias** a half-surprise

en este instante una de tus damas está a punto de despeñarse en la barranca? [52]

INFANTA. No hay peligro. Leonor sabe dominar su caballo mejor que todos los hombres que corren detrás. Lo
5   importante es que nos dejaran a solas.

INÉS. ¿De manera que ha sido un ardid? [53]

INFANTA. Inocente pero seguro. Ya comprenderás que para dar un paso así debo tener razones muy poderosas.

INÉS. No hacen falta muchas. Con una basta.

10 INFANTA. ¿En cuál estás pensando? Francamente.

INÉS. ¿Francamente? Los celos.

INFANTA. ¿Celos de qué? No he sabido nunca lo que es amor, y he conocido a Pedro ayer.

INÉS. ¿Dignidad ofendida?

15 INFANTA. Es lo primero que hubiera pensado yo también. Pero tampoco. Ahora he descubierto de repente que por encima de todas mis pasiones está la curiosidad.

INÉS. ¿Curiosidad simplemente?

INFANTA. Es una mala costumbre que he adquirido en Por-
20   tugal en estos últimos cuatro días.

INÉS. ¿No lo sabes todo ya?

INFANTA. Los hechos, sí; pero no los entiendo. Cuanto más lo pienso menos alcanzo a comprender porqué un hombre se juega así contra toda razón. Me dijeron que
25   el secreto eras tú, y no podía dormir sin conocerte.

INÉS. No creí ser [54] tan interesante.

INFANTA. Cuando llegué a esa puerta no sé qué milagro esperaba encontrar. ¿Una revelación?, ¿un deslumbramiento? [55] No sé. Ahora que te he visto de cerca, ¿no
30   te ofenderás si te digo que me has defraudado?

---

[52] **despeñarse en la barranca**   falling into the chasm
[53] **ardid**   trick
[54] **No creí ser**   I didn't think I was
[55] **deslumbramiento**   something dazzling

INÉS. Lo siento.

INFANTA. Tienes los ojos grandes como dos asombros, pero un reino es mayor. Eres hermosa, pero menos que el poder, la ambición y la soberbia. ¿Cuál es, entonces, tu secreto? 5

INÉS. Ninguno. En amor no importa nada cómo eres; importa cómo te ven.

INFANTA. No sé con qué cristales deslumbrados te mirará Pedro; pero yo que he conocido reinas y heroínas y santas ¡te veo san insignificante! Una simple mujer, 10 que no aspira a otra gloria que la de ser mujer.

INÉS. Gracias, Infanta. No has podido decirme nada mejor.

INFANTA. Para ti, quizá. ¿Pero crees que eso puede bastarle a él?

INÉS. Hasta ahora Pedro no ha necesitado otra cosa. 15

INFANTA. ¿Pedro? . . . ¿Delante de mí no te parece demasiada confianza llamarle así, por su nombre? ⁵⁶

INÉS. Perdón. Es una mala costumbre que adquirí en Portugal en estos últimos diez años.

INFANTA. ¡Cuidado, Inés! Yo puedo perdonar muchas 20 cosas, pero la insolencia no.

INÉS. ¿Es mía la culpa si respondo en el mismo tono en que me hablan?

INFANTA. Cuidado te digo. Mira que ⁵⁷ he venido dispuesta a ser piadosa. No me hagas arrepentirme. 25

INÉS. ¿Quién te ha pedido piedad? Ahora no somos más que dos mujeres disputándose un hombre. Luchemos primero, y ya veremos después cuál puede permitirse el lujo de ser piadosa.

INFANTA. ¿Luchar contigo? No, pobre Inés. No hay nada 30 que me apasione tanto como un desafío pero en este

---

⁵⁶ *i.e. his first name*
⁵⁷ **Mira que** Remember that

caso sería una cobardía aceptarlo. Tengo demasiadas armas y tú ninguna.

INÉS. ¿A qué has venido entonces?

INFANTA. A darte un buen consejo. Estás pisando un
5   terreno mucho más peligroso de lo que tú sospechas. Por tu bien y el de Pedro, sal de esta casa hoy mismo y escóndete lejos.

INÉS. Sin duda es un consejo muy prudente; pero prudencia y amor no son buenos compañeros.

10 INFANTA. Si el consejo no basta puedo convertirlo en una orden.

INÉS. ¿Y si tampoco obedezco órdenes?

INFANTA. Te lo suplico; no me empujes a donde no quisiera llegar. ¿Sabes que puedo hacerte desterrar [58]
15   a Castilla?

INÉS. Sí.

INFANTA. ¿Sabes que puedo mandarte encerrar para toda la vida?

INÉS. Sí.

20 INFANTA. ¿Y no te da miedo?

INÉS. No. Porque ni desterrada, ni presa ni muerta conseguirás quitármelo. ¿Qué ganarías sacándome de Portugal si no puedes sacarme de Pedro? ¿Qué importa que me saques de mi vida si no puedes sacarme de la suya?

25 INFANTA. ¿Y no se te ha ocurrido que puedo hacerte un daño todavía peor?

INÉS. ¿Peor que la separación?

INFANTA. Para ti peor que la misma muerte. Uno de esos tormentos que sólo sabemos las mujeres; que no tienen
30   desgarraduras [59] ni gritos, pero que te van royendo día por día como una gota de agua. ¿No lo sospechas?

[58] **hacerte desterrar**   have you exiled
[59] **desgarraduras**   open wounds

INÉS. Sinceramente, no.

INFANTA. Es muy fácil. Mi compromiso con Pedro ha sido firmado por las cortes de Portugal y Castilla. Basta que yo lo exija para que se convierta en ley.

INÉS. ¿Contra su voluntad? ¿Y qué conseguirás con eso? 5

INFANTA. ¿No lo has comprendido aún? Piénsalo, Inés, piénsalo... Vamos a cambiar los papeles... ese hermoso papel de víctima que tanto te gustaba. Hasta ahora era yo la que venía de fuera a invadir un hogar feliz, y tú la pobre amante traicionada. Poco a poco yo 10 empezaré a ser la traicionada, y tú la usurpadora, la intrusa, la ladrona...

INÉS. ¡No, eso no! No puedes ser capaz de hacer eso a sangre fría.

INFANTA. ¡Ah, por fin te veo pálida! ¿Lo estás imaginando 15 ya, verdad? Tendré a tu Pedro sin amor, pero atado a mi cintura. Lo tendré frío, pero en mi almohada.

INÉS. ¡Te digo que no lo harás!

INFANTA. ¿Quién me lo va a impedir?

INÉS. Tu propia dignidad. Eres demasiado orgullosa para 20 servir a tu mesa lo que sobre en la mía.

INFANTA. ¿Vas a darme tú lecciones de dignidad? ¡Tú!... ¿Has olvidado quién soy?

INÉS. Tú eres la que lo está olvidando con ese pensamiento sucio. 25

INFANTA. ¡Basta! ¡Basta o te cruzo la cara! [60] (*Avanza fuera de sí blandiendo* [61] *el látigo.*) ¡De rodillas, Inés!

INÉS (*obedece serenamente*). ¿Así?

INFANTA. ¡Así! ¡Cada cual en su sitio!

INÉS. Pues desde mi sitio te lo digo, sin gritos ni rencores. 30 Tú con millares de esclavos y yo con una esclavitud,

[60] **te cruzo la cara**   I'll cut your face (*with the whip*)
[61] **blandiendo**   shaking

soy más fuerte que tú. Tú subida en un trono y yo
aquí de rodillas, soy más alta que tú. ¡Y ahora pega sin
duelo! . . . ¡No me quites esta ocasión de sufrir por él!
(*La Infanta ha levantado el látigo crispada;* [62] *por fin*
5   *lo tira contra el suelo y se aparta ocultando el rostro.*
Su ira inútil se quiebra en un ahogo de sollozos. [63]
Pausa. Inés recoge el látigo y se acerca a devolvérselo
con un respeto compasivo.) Pobre mujer . . .

INFANTA. Perdona este espectáculo bochornoso. [64] He
10   llorado alguna vez a solas, pero nunca delante de
nadie.

INÉS. ¿Son las lágrimas solamente lo que te da rubor?

INFANTA. Todo: mi falsa superioridad, mi pobre arrogancia
hecha pedazos, [65] y sobre todo esas palabras vergonzosas
15   que acabo de decir.

INÉS. No eras tú la que hablabas; era tu desesperación.

INFANTA. Puedes estar orgullosa. Vine contra ti con todas
mis armas y tú no has necesitado ninguna.

INÉS. Tenía la única que vale en esta lucha. Amor.

20 INFANTA. ¡Amor, amor, siempre amor! . . . Desde que entré
en Portugal no hago más que tropezar con esa palabra
sin acabar de comprenderla. [66] ¡Qué tierra bruja [67] es
ésta donde esa palabra sola es la mitad del idioma?

INÉS. ¿En tu corte no?

25 INFANTA. Peñafiel es una tierra dura donde los hombres
hablan de la guerra y la honra, y las mujeres del cielo
y del infierno. Del amor, sólo los libros.

INÉS. No es en los libros donde se aprende eso.

---

[62] **crispada**   furious
[63] **un ahogo de sollozos**   a choking sob
[64] **bochornoso**   undignified
[65] **hecha pedazos**   utterly destroyed
[66] **sin . . . comprenderla**   without ever understanding it
[67] **bruja**   bewitched

INFANTA. ¿Quién tiene la clave [68] de ese misterio? ¿La tienes tú? Ayúdame, Inés. Ya que no he podido sentirlo, ayúdame por lo menos a comprenderlo.

INÉS. Va a serte muy difícil.

INFANTA. ¿Tan complicado es?   5

INÉS. Claro y sencillo como el agua. ¿Pero puede nadie explicar el agua?

INFANTA. Alguna manera habrá para entenderse.

INÉS. No creo. (*Se sienta a su lado, entre maternal y amiga.*) Dime: ¿entre tus hombres de Peñafiel nunca   10
te fijaste en alguno superior a los demás?

INFANTA. Cada uno lo era a su manera: unos más valientes, otros más galantes, otros más nobles . . .

INÉS. No, uno solo. Uno al que tú—¡la gran señora!— hubieras querido servir y obedecer. El único.   15

INFANTA. No existe ninguno así.

INÉS. No importa; cierra los ojos.

INFANTA. ¿Entonces el famoso amor no es más que eso? ¿una ceguera? [69]

INÉS. Más: es otra manera de ver. Suéñate fundida con [70] él   20
hasta dejar de ser tú. Que su frío sea tu único frío, y que su fiebre te queme. Que su separación te duela como una desgarradura, y que si cortan su mano sientas sangrar la tuya.

INFANTA. ¿Pero entonces es una locura?   25

INÉS. Mucho más: es otra manera de tener razón. [71]

INFANTA. No te entiendo. Comprendo esas palabras aplicadas al alma; pero el otro amor . . .

INÉS. ¿Qué otro?

[68] **clave**   key, solution
[69] **ceguera**   blindness
[70] **fundida**   united with
[71] **otra . . . razón**   another kind of sanity

INFANTA. Los libros hablan del alma y de la carne como de dos enemigos.

INÉS. Tira esos libros. En el verdadero amor el cuerpo y el alma son una sola cosa inseparable, hecha de barro y de Dios. (*Con los brazos cruzados y los ojos lejos.*) Cuando Pedro me estrecha, toda mi alma va tomando poco a poco la forma de su cuerpo. Y a la mañana, cuando se va, quedo vacía como la ropa que deja el nadador a la orilla del río; con el calor reciente de su ausencia, y con el molde de su regreso.

INFANTA. ¿Pero te das cuenta de lo que estás diciendo? ¿Es que no tienes pudor?

INÉS. Eso se tiene antes. Y después.

INFANTA (*se levanta pensativa*). Es inútil... Trato de seguirte, pero es otro lenguaje, otro mundo...

INÉS. Ya te lo advertí al principio: es más fácil beber que explicar el agua.

INFANTA. ¿Entonces debo resignarme a no saber?

INÉS. Vuelve a tu corte y espera. Cuando el hombre de tu destino aparezca le conocerás entre todos; porque los otros te dirán mil palabras y apenas te harán sonreír; él te dirá una sola y te hará temblar. Ese día empezarás a comprender.

(*Se oyen las trompas de la montería.*)

INFANTA. Mi gente me anda buscando. No deben encontrarme aquí.

INÉS. Por el fondo hay una salida al bosque.

INFANTA. No puedo; tengo el caballo a la puerta.

INÉS. ¿Entonces... adiós?

INFANTA. Adiós.

INÉS. ¿Sin rencor?

INFANTA. Sin rencor, y con pena... por las dos. (*Entra el Rey. Traje de caza. Sin armas.*)

INÉS, INFANTA, Y EL REY

REY. ¡Constanza!

LAS DOS. Señor . . .

REY. ¿Tú en esta casa? . . .

INFANTA. ¿De qué te asombras? ¿No has venido aquí a bus- 5
carme?

REY. No era a ti.

INFANTA. ¿A ella? En ese caso permíteme una palabra: no
arriesgues tu autoridad inútilmente. Nosotros tenemos
todas las fuerzas menos una. A ellos les basta con ésa. 10

REY. Yo no pido consejo. Sé lo que tengo que hacer.

INFANTA. Perdón. Gracias, Inés. Nunca me he sentido tan
humillada y tan pequeña como hoy delante de ti, y
sin embargo, gracias.

INÉS. Adiós, Infanta. 15

INFANTA. Sin el título, por favor.

INÉS. Adiós, Costanza.

INFANTA. Adiós, Inés. Mi buen señor . . . (*Sale. El Rey
queda un instante en el umbral mirándola alejarse.*)

INÉS Y EL REY 20

REY. ¡Increíble! ¿Y ésta es aquella castellana soberbia que
he conocido ayer? ¿Qué has hecho para doblegarla [72]
así?

INÉS. Nada, señor.

REY. Le habrás hablado de tu hogar feliz, de tu vida des- 25
trozada . . . y sobre todo de esa eterna fábula que
tanto os divierte a las mujeres: el amor.

INÉS. Eso sí.

REY. ¡Y, naturalmente, ella se ha sentido sublime y ha
elegido el camino de la renunciación! Femeninamente 30

[72] **doblegar** to humble

perfecto, pero políticamente desastroso. Afortunadamente no es ella quien tiene que resolver. Acércate.
(*La mira largamente de cerca levantándole el rostro.*)

INÉS. ¿Qué me buscas,[73] rey Alfonso? ¿También tu crees
5   que he embrujado [74] a tu hijo con la mirada?

REY. No. Estaba pensando cómo puedo recordarte tanto si
    apenas te he visto un par de veces.

INÉS. Tres, exactamente.

REY. ¿Por qué lo sabes con tanta certeza?

10 INÉS. Porque cada vez me hiciste un regalo inolvidable y
    son tres los que guardo tuyos. El primero fue el día
    que llegué a tu corte; en el momento en que besaba tu
    mano se acercó tu hijo, y tú mismo me presentaste a él.

REY. ¿Y qué te regalé ese día?

15 INÉS. La primera mirada de Pedro.

REY. No imaginé que iba a costarme tanto. ¿Y el segundo?

INÉS. El segundo fue en una cacería. Un jabalí furioso al-
    canzó a Pedro de una dentellada [75] y tú me lo entre-
    gaste para curarlo.

20 REY. ¿Y eso fue un regalo?

INÉS. Maravilloso, porque la llaga era profunda y tardó
    muchos días en cerrar. Al principio era solamente "su
    herida." Al final ya era 'nuestra cicatriz.' [76]

REY (*tose esquivando los ojos y el terreno* [77]). ¿Y el tercero?

25 INÉS. Fue una fiesta en tu palacio de Lisboa: la gran mesa
    del banquete, las antorchas, la música... Pedro se
    empeñó en bailar conmigo delante de toda tu corte y
    me arrastró a la fuerza. Recuerdo a tus viejas damas

---

[73] **¿Qué me buscas?** What do you want of me?
[74] **he embrujado** I have bewitched
[75] **alcanzó...dentellada** caught Pedro in his jaws
[76] **cicatriz** scar
[77] **esquivando...terreno** trying to avoid her glance and to change the
subject

escandalizadas dejándonos solos . . . recuerdo a tus ojos fijos . . . y cien voces cobardes murmurándose al oído: '¡ésa . . . ésa . . .' Tú te levantaste de repente y todo se quebró como un cristal. Al día siguiente recibí un precioso pergamino con tu firma: era una orden de ⁵ destierro.

REY. Prodigiosa memoria. A veces pienso que todo lo bueno y lo malo que vivís las mujeres es sólo para recordarlo.

INÉS. Nos gusta tener algo que guardar, para mañana. ¹⁰ Ahora, señor, espero tu nuevo regalo.

REY. Siento tener que hacerte daño otra vez. Aunque extranjera y nacida fuera de ley, eres sobrina mía.[78]

INÉS. Un poco tarde, pero gracias por reconocerlo.

REY. Tú eres la que no debe olvidarlo, a ver si eres digna ¹⁵ de ese título. Porque lo que vengo a pedirte es un gran sacrificio.

INÉS. Por grande que sea no encuentro nada que yo pueda negar a mi rey. Es decir . . . salvo una sola cosa.

REY. Mucho me [79] temo que sea ésa precisamente. ²⁰

INÉS. ¿Tu hijo?

REY. Ayer se ha declarado en abierta rebeldía y presiento que acabaremos chocando fatalmente. ¿Aceptarás sobre tu cabeza esa responsabilidad?

INÉS. ¿Qué puedo hacer yo? ¿Suplicarle que se separe de ²⁵ mí?

REY. Algo más rápido y mejor. (*Se acerca.*) Una noche . . . mañana mismo . . . al regresar, Pedro puede encontrar su casa abandonada.

---

[78] *Alfonso IV and Inés were both descended from Alfonso X el Sabio of Castile.*
[79] **me** *Do not translate.*

INÉS. ¿Huir? ¿Y adónde? ¿Habría algún rincón de la tierra adonde Pedro no fuera a buscarme?

REY. Sin palabras inútiles. Con una basta. ¿Estás dispuesta a una separación, sí o no?

5 INÉS. ¿Tiene que ser una palabra sola?

REY. No hacen falta más.

INÉS. Entonces, perdóname buen rey, pero 'no.'

REY. Por tu alma Inés, no me obligues a tratarte como lo haría con un hombre. Piensa que puede estar en tu
10   mano la paz o la guerra de dos pueblos.

INÉS. Mi única guerra y mi única paz se llaman Pedro.

REY. ¿Pero hasta cuándo vas a aferrarte a esa locura? ¡Despierta! Ya has vivido diez años de fiebre. Razona ahora como lo haría una esposa, una madre . . .

15 INÉS. No puedo. Otras mujeres quieren a sus hijos porque son carne de su carne; yo, porque son carne y sangre de Pedro. No sé si es una vergüenza o una gloria, pero después de diez años y tres hijos no me siento ni esposa ni madre. ¡Me siento cuatro veces amante!

20 REY. No, no es posible tanta serenidad y tanto frenesí juntos. Trae esa mano.[80] Mírame de frente. Tú sabes bien que no soy hombre capaz de dar un paso atrás.

INÉS. Lo sé.

REY. Sabes que he dado a Castilla mi palabra y que la
25   cumpliré cueste lo que cueste.

INÉS. Lo sé.

REY. ¿Y sabiéndolo no bajas los ojos ni te tiembla el pulso? ¿Pero entonces qué fuerza misteriosa tienes escondida?

INÉS. No soy yo.[81] Es él, que está de pie dentro de mí.

30 REY. Yo no creo en maleficios, pero . . . ¿por qué al salir de aquí aquella Infanta arrogante era una mujer ven-

[80] **Trae esa mano**   Give me your hand
[81] **No soy yo**   No power of mine

cida? ¿Por qué mi hijo ha perdido la razón? ¿Por qué
mi pueblo entero canta tu nombre por los caminos?
¿Cuál es tu fuerza, Inés?

INÉS. Mía ninguna. Esta voz que me oyes [82] no es más que
un eco de Pedro; este cuerpo que me ves no es más [5]
que su sombra ... Soy tan reflejo suyo,[83] que si él no
pudiera sostenerse yo caería redonda [84] ahora mismo.
Esta infinita debilidad es lo que tú llamas mi fuerza.
(*Entra el Infante Juan soltándose a viva fuerza [85] de
Amaranta que trata de detenerle.*) [10]

INÉS, EL REY, AMARANTA Y JUAN

JUAN. ¡Suelta!

AMARANTA. ¡Quieto ahí! ¡Hasta que no [86] vuelva el señor
no sale nadie de esta casa!

JUAN. ¡Suelta te digo! [15]

INÉS. Déjalo, Amaranta. (*Amaranta se retira con una reverencia al desconocido.*) ¿Adónde ibas?

JUAN. ¿No has oído silbar tres veces? Son mis amigos.
Cuando silban así es que me necesitan.

INÉS. ¿Tan ciego vas que ni siquiera me ves acompañada? [87] [20]

JUAN. Perdón. Dios te guarde, buen hombre.

REY. Dios te guarde, zagal.[88] (*Se oyen tres silbidos.*)

JUAN. ¡Otra vez! ¿Los oyes ahora, madre?

INÉS. Contéstales que no puedes. A la tarde.

JUAN. ¡Pero a un amigo no se le puede decir que [89] no! [25]

[82] **Esta ... oyes**   This voice of mine
[83] **tan reflejo suyo**   so much a part of him
[84] **redonda**   flat
[85] **a viva fuerza**   by sheer strength
[86] **no**   *Do not translate.*
[87] **ni me ves acompañada**   you don't even see that I have someone with
me
[88] **zagal**   boy
[89] **que**   *Do not translate.*

INÉS. Por eso mismo. ¿No somos amigos tú y yo? Contéstales.

JUAN (*resignado de mala gana*). Está bien. (*Va al mirador
y contesta agitando varias veces un lienzo, como señal
convenida, mientras Inés y el Rey dialogan a medio
5   tono.*)

REY. ¿El mayor?

INÉS. Un muchacho sano y fuerte con el que ya se puede
hablar. (*En ademán de retirarse.*) ¿Quieres? . . .

REY. No, por favor, no nos dejes solos.

10 INÉS. ¿Qué miedo puede darte un niño?

REY. Odio toda clase de sentimentalismos.

INÉS. Pierde cuidado; tampoco él es nada sentimental. Y
además . . . no sabe.

REY. ¿Qué pretendes entonces?

15 INÉS. Pienso que quizá alguna vez habrás querido decirme
una palabra buena, y que la vida no te lo permitió.
Pero él está limpio de toda culpa. Dísela a él.

REY. Será tiempo perdido; pero si te interesa tanto . . .
Déjanos.

20 INÉS. Gracias. Acompaña al señor y atiéndele si necesita
algo. Es como un huésped que te manda Dios. Con
licencia, señor. (*Sale.*)

EL REY Y JUAN

JUAN. ¿Tú, tan mayor, necesitas algo de mí?

25 REY. Quién sabe.

JUAN. Si has perdido el camino yo los conozco todos. ¿Te
acompaño?

REY. No; mis caminos tengo que hacérmelos yo solo.[90]

JUAN. ¿Hambre? Tengo en mi cuarto unas manzanas escon-
30   didas. ¿Te traigo? [91]

---

[90] **tengo . . . solo**   I must travel alone
[91] **¿Te traigo?**   Shall I bring you some?

REY. No, gracias; no tengo hambre nunca.

JUAN. ¿Nunca? ¡Qué raro! Los viejos de por acá la tienen siempre.

REY. Algún día habrá que arreglar eso también.

JUAN. ¿Qué necesitas entonces? 5

REY. Lo que tienes tú: amigos. ¿Tienes muchos?

JUAN. Tres que se dejarían matar por mí ⁹² y yo por ellos.

REY. ¿Nobles?

JUAN. El hijo del pescador, el del herrero y el del leñador.

REY. ¿Y tu madre te deja andar con esa gente? 10

JUAN. ¿Por qué no?

REY. Esos muchachos no son iguales que tú.

JUAN. Claro que no.⁹³ El hijo del leñador silba como los pájaros, el del herrero hace cuchillos, y el del pescador ya maneja la barca del padre. Pero en cuanto yo 15 aprenda todo eso seremos iguales.

REY. ¿Son ellos los que te buscaban ahora?

JUAN. Teníamos que jugar a un juego que se llama 'El rey y el cazador furtivo.' Pero hay que echar a suertes porque todos queremos hacer el mismo personaje. 20

REY. ¿El rey?

JUAN. Bah, para el rey sirve cualquiera. El que tiene que ser listo es el cazador: correr, esconderse, trepar a los árboles.

REY. Pareces más inclinado a los cazadores que a los reyes. 25 ¿Alguien te enseñó a odiarlos?

JUAN. Odiarlos, ¿por qué? Yo mismo, aquí donde me ves, tengo un abuelo que es rey.

REY. ¿Quién te lo ha dicho? ¿Tu madre?

JUAN. Lo dicen por ahí. 30

REY. Puede no ser verdad.

---

⁹² **que ... mí** who would go to their death for me
⁹³ **Claro que no** Of course not

JUAN. Ojalá.

REY. No lo digas con rencor. ¿No te gustaría conocer a tu abuelo?

JUAN. ¿Para qué? Él no ha querido nunca conocerme a mí.

5 REY. ¿Y si quiere y no puede? Los reyes no siempre hacen lo que quisieran.

JUAN. Entonces, ¿para qué son reyes?

REY. Nacen así. ¿Tu madre no te ha dicho nunca que te pareces a él?

10 JUAN. Según.[94] Cuando está contenta dice que me parezco a mi padre. Cuando la hago llorar dice que soy igual que mi abuelo.

REY. ¿Y tú, a cuál de los dos quisieras parecerte?

JUAN. A ninguno. Yo quiero ser yo.

15 REY. ¿Nada menos? Eres muy orgulloso.

JUAN. ¿Tú no?

REY. Antes. Ahora los años me van bajando la cabeza.

JUAN. ¿Tienes muchos?

REY. Más de los que tú puedes imaginar.

20 JUAN. ¿Cuántos?

REY. Doscientos.

JUAN. Mientes. Los capitanes tienen treinta años, los sabios ochenta, y los mendigos llegan a cien. Pero de ahí no pasa nadie. ¿Por qué dices tú que tienes doscientos?

25 REY. Son los años[95] de Portugal.

JUAN. Hablas muy raro. No pareces un hombre como los otros. ¿Qué oficio tienes?

REY. Según empiezo a darme cuenta el más absurdo que puede tener un hombre. Soy un rey pobre.

---

94 **Según**   That depends (*on how she feels*)
95 **los años**   the age (*Alfonso Henríquez, count of Portugal, assumed the title of King Alfonso I in 1139, a little more than two centuries before the events dealt with in this play.*)

JUAN. No puede ser. Los pobres van vestidos de pobres y los reyes van vestidos de rey. ¿Dónde tienes la espada y la corona?

REY. Mi espada es demasiada carga para uno solo. Hacen falta cuarenta mil hombres para sostenerla. 5

JUAN. ¿Tanto pesa?

REY. Cien batallas.

JUAN. ¿Y la corona también pesa?

REY. Más que la vida. (*Se sienta pesadamente.*)

JUAN. ¿De manera que eres un rey pobre de verdad? ¿No 10 tienes siquiera una casa?

REY. Demasiado grande para mí solo.

JUAN. ¿Y tus hijas?

REY. ¿Qué hijas?

JUAN. Los reyes siempre tienen tres hijas. 15

REY. Yo no.

JUAN. ¿Hijos?

REY. Tenía uno y lo he perdido.

JUAN. ¿Nietos?

REY. No puedo acercarme a ellos. 20

JUAN. Entonces tienes razón. ¡Pobre rey! Si yo pudiera ayudarte . . .

REY. Un favor. Dame las manos.

JUAN. ¿Las dos?

REY. Es para calentar las mías. (*Lo sienta a su lado y se* 25 *miran largamente en silencio.*)

JUAN. ¿Por qué me miras tan fijo?

REY. Quisiera aprenderte de memoria por si no te vuelvo a ver. Porque tampoco tú eres un niño como los otros. Hablas como si hubieras sufrido ya. ¿Cuántos años 30 tienes?

JUAN. Más que los dedos de una mano y menos que las dos.

Rey. Ahá, ¿te gustan las adivinanzas? [96]

Juan. ¿A ti no?

Rey. A la fuerza.[97] Adivinar es la mitad de mi oficio.

Juan. A ver si sabes ésta: (*muy rápido*) 'Qué cosa, qué
5   cosa es, — que silba sin boca, — que corre sin pies, — te
pega en la cara — y tú no lo ves?'

Rey (*desconcertado por la rapidez*). ¿Quéee? ...

Juan (*repite despacio y claro*). 'Que silba sin boca ... —
que corre sin pies ... — te pega en la cara ... — y tú
10   no lo ves ...' ¿Adivinas?

Rey. ¿El viento?

Juan. ¡Muy bien! El viento. Ahora tú.

Rey. Déjame pensar.

Juan. Sin pensar.

15 Rey. 'Qué hombre, qué hombre es, — que está ardiendo y
siente frío, — que mira y no puede ver, — que está a
la orilla del agua — y está muriendo de sed? ...'

Juan. ¿Quién? (*El Rey lo atrae. Parece un instante que
va a abrazarlo.*) ¿Quién?

20 Rey (*se aparta*). Nadie ... Fue una tontería.

Juan. ¿Quién está a la orilla del agua y está muriendo de
sed?

Rey. Olvídalo. (*Se dirige a la puerta.*)

Juan. ¿Te vas ya?

25 Rey. Tengo que seguir mi camino ... por lejos que me
lleve.

Juan. ¡Qué lástima! Ahora que empezábamos a ser amigos.

Rey (*se detiene en el umbral*). ¿Crees que podríamos llegar
a serlo [98] de verdad?

---

[96] **adivinanzas** riddles
[97] **A la fuerza** I have no choice
[98] **llegar a serlo** get to be friends

JUAN. Si hacemos el juramento, sí. (*Se sienta en el suelo y le señala un sitio a su lado.*) Ven, siéntate.

REY. ¿Tiene que ser en el suelo?

JUAN. Es mejor; así somos más iguales. ¿Vienes o no?

REY. Voy... (*Se sienta junto a él.*) 5

JUAN. ¿Cómo te llamas?

REY. Alfonso.

JUAN. Yo, Juan. Ponte la mano izquierda en el corazón. Apriétame fuerte la otra y di como yo: 'Dos para uno, uno para dos, — y el que no cumpla, ¡maldito de Dios!' 10

REY. Dos para uno, uno para dos, y el que no cumpla, maldito de Dios.

JUAN. ¡Júralo por la cruz!

LOS DOS (*besando sus índices cruzados*). ¡Jurado!

REY. ¿Y ahora? 15

JUAN. Ahora el secreto. Yo te digo un secreto mío y tú a mí uno tuyo.

REY. Dí.

JUAN. ¿Recuerdas que antes te ofrecí unas manzanas que tengo escondidas? (*Mira en torno con grandes ade-* 20 *manes de misterio y se inclina a su oído.*) Las robé en el convento, saltando la tapia. (*Gesto de silencio cómplice, con el índice en los labios.*) Ahora tú.

REY (*repite el juego exactamente*). ¿Has oído hablar de una tierra de dátiles y limoneros, que se llama el 25 Algarve?... Se la robé a los moros, saltando la frontera. (*Le hace los mismos gestos de silencio y rompen a reír los dos. El Rey da al niño una palmada en la rodilla; y el niño contesta igual. Pedro aparece en el umbral y los mira un momento. Avanza. El niño corre* 30 *alegremente a su encuentro.*[99] *El Rey se levanta confuso, apartándose.*)

[99] **a su encuentro**   to meet him

DICHOS Y PEDRO

JUAN. ¡Padre! Es un amigo nuevo. Acabamos de hacer el juramento.

PEDRO (*sin dejar de mirar fijamente al Rey mientras con-*
5   *duce al niño a la puerte interior*). Yo le atenderé. Vuelve con tu madre.

JUAN (*a media voz*). No lo trates mal. Es un rey pobre ... y tan viejo que ya no puede él solo con su espada. (*Alto*) No lo olvides, ¿eh? Si alguna vez te hago falta,
10   silba tres veces. Adiós, Alfonso. (*Sale corriendo.*)

REY. Adiós, Juan ... (*Esquiva la mirada del hijo, aver-gonzado aún de su debilidad.*)

EL REY Y PEDRO

PEDRO. Es peligroso jugar con niños. ¿O has olvidado ya tu
15   famoso sueño?

REY. ¿Qué sueño?

PEDRO. Ayer mismo me lo contabas como un presagio: era un niño luchando con un león ... y el león terminaba rodando por el suelo.

20 REY. Afortunadamente estás tú aquí para despertarme. Un poco más y quizá el sueño se hubiera cumplido. ¡Gracias por haber llegado tan a tiempo! [100]

PEDRO. ¿Tan perdido te sentías?

REY. Confieso que he estado a punto de caer en la más
25   vieja de las emboscadas; pero ya pasó el peligro. Pue-des decirle a Inés que la trampa de la ternura ha fracasado.

PEDRO. ¿A qué has venido a esta casa?

[100] **tan a tiempo**   just in the right moment

REY. Curiosidad. Pasaba.

PEDRO. No. Has estado esperando a que yo saliera para encontrar sola a Inés. Una mujer enamorada se deja sacrificar fácilmente si se le hace creer que su felicidad es la desgracia de su amante. ¿Era eso lo que buscabas? 5

REY. Justamente. Pero no temas; sin tus arrebatos ni tus gritos, Inés es más fuerte que tú.

PEDRO. ¿Y el niño? ¿Qué hacías a solas con él? ¿No decías que no querías ni verlo?

REY. Ha sido mejor así para saber hasta qué punto somos 10 distintos. No te negaré que tiene todo el encanto de la madre, pero tampoco le falta uno solo de tus vicios.

PEDRO. ¡Vicios! ¿Un niño de siete años tiene vicios ya?

REY. Ya. Hoy será gracioso [101] que le gusten los cazadores furtivos y la fruta robada. Mañana puede ser peligroso. 15

PEDRO. ¿Eso es todo lo que te ha inspirado tu nieto?

REY. Tu hijo.

PEDRO. Palabras. Todo lo que nazca de mí es tuyo.

REY. Ante la ley, no.

PEDRO. ¡Siempre la ley! Piensas en la ley mucho más que 20 en la justicia.

REY. Pienso en mi juventud y no quiero que la historia se repita. También mi padre intentó sentar en el trono a uno de sus bastardos, y aun siendo el más grande de nuestros reyes, no vacilé en levantarme en armas 25 contra él. ¿Y ahora vas a resucitar tú lo que me costó una guerra a muerte con mi padre? [102]

PEDRO. Mi caso es completamente distinto.

---

[101] **será gracioso** it may be merely amusing
[102] *Alfonso, as a young man, had resented his father's affection for an illegitimate son Alfonso Sancho, whom he feared his father would try to place on the throne. He revolted several times, and plunged the nation into bloodshed.*

REY. ¡El tuyo es peor, porque tampoco la madre está limpia!

PEDRO. ¡No la insultes delante de mí ... No me obligues a hablar!

⁵ REY. ¡Habla! ¿Qué puedes oponer a esta triste verdad? Bastarda la madre y bastardos los hijos.

PEDRO. ¿Sí? ¡Pues óyelo de una vez! Había jurado guardártelo en vida, pero no puedo más. ¡Ni mis hijos son bastardos ni Inés es mi amante! ¡Es mi esposa!

¹⁰ REY (*se vuelve bruscamente, pálida la voz*). ¿Qué has dicho?

PEDRO. Que mis hijos son tus nietos legítimos y que Inés es mi esposa ante el altar.

REY. ¿Inés es tu esposa ... ? ¿Desde cuándo?

¹⁵ PEDRO. Desde el destierro.

REY. ¡Mientes! Es una farsa que estás inventando ahora para ir ganando tiempo.

PEDRO. No es de ahora. Fue hace siete años, en Braganza, un primero de enero.

²⁰ REY. No, no lo quiero creer. ¿Quién os casó?

PEDRO. Monseñor don Gil, obispo de Guarda.

REY. ¿Testigos?

PEDRO. Esteban Lobato, mi mayordomo.

REY. Pero entonces ... ¿entonces es verdad?

²⁵ PEDRO. Para mentira sería demasiado estúpida.

REY. ¿Y has pensado que bastaba eso contra mí? ¿Una puñalada por la espalda? No, pobre Pedro, no; el que hace y deshace leyes aquí todavía soy yo. Y yo declaro ilegal ese matrimonio.

³⁰ PEDRO. No lo hicieron tus jueces: fue jurado ante unos evangelios y una cruz.

REY. Lo anulará la propia Iglesia.

PEDRO. ¿Con qué razón?

REY. Impedimento de sangre.[103] Inés es prima tuya.

PEDRO. Hace veinte años que conseguiste para mí una dispensa de parentesco; [104] cuando el Papa Juan era tu gran amigo, y ya pensabas casarme siendo niño con alguna de mis primas españolas. Perdona, pero no he ⁵ hecho más que seguir el camino que me abriste tú mismo.

REY. ¿También te reveló eso Monseñor? Pues yo os enseñaré a los dos que dentro de mi frontera no hay más autoridad que una. Y que lo que Aviñón hizo ayer ¹⁰ puede deshacerlo hoy.

PEDRO. Es inútil, padre. Por mucho que te duela sabes muy bien que ni el Papa Inocencio borrará lo que firmó el Papa Juan, ni tú puedes desatar lo que está atado ante Dios. ¹⁵

REY (*exasperado alzando la voz*). ¡Eso es lo que vamos a ver! No me importa el escándalo ni revolver todos los tribunales de la Cristiandad. Todo antes que reconocer ese matrimonio hecho a traición contra mí y contra Portugal. (*Entra Inés suplicante.*) ²⁰

EL REY, PEDRO, INÉS

INÉS. ¡Por lo que más quieras, señor! ¡Pídenos el alma y la vida, pero juntos! ¡Por la memoria de la Reina Santa! (*Va a arrodillarse. Pedro la detiene.*)

PEDRO. ¡Eso no! ¡No te quiero humillada delante de nadie! ²⁵ ¡De pie, conmigo!

REY. Así prefiero al enemigo: de frente. Hasta hoy sólo te tuve lástima y cariño, pobre Inés. Desde ahora no

---

[103] **Impedimento de sangre** Consanguinity (*For relationship between Pedro and Inés, see Introduction.*)

[104] **dispensa de parentesco** a dispensation for the marriage of relatives

esperes ni cuartel ni perdón. Que te proteja Dios.
(*Sale. Inés intenta seguirle.*)

INÉS. ¡Señor . . . mi señor!

PEDRO. Quieta. ¿No te habrás acobardado delante de él,
5   verdad?

INÉS. Te lo juro. Ni delante de él ni delante de la Infanta.

PEDRO. ¿También ella estuvo aquí?

INÉS. También. Pero con los dos seguí tus palabras al pie
        de la letra: luchar como un hombre, sin un temblor,
10   sin una lágrima. Así he resistido una hora intermi-
        nable, sintiendo a cada minuto que iba a caer, y
        llamándote a gritos desde dentro.

PEDRO. Te han hecho sufrir, y yo lejos.

INÉS. No importa; ya pasó. En cambio ahora . . . ¡qué
15   momento maravilloso!

PEDRO. Pero, ¿qué tienes? ¡Si estás tiritando de pies a
        cabeza!

INÉS. ¿No lo comprendes? Después de resistir firme como
        un hombre; ¡qué alegría volver a sentirme débil! ¡Y
20   volver a tener este miedo pequeño! Y saber que los
        brazos me sobran cuando no estás tú . . . Y poder llorar
        otra vez como una mujer feliz . . . ¡feliz!

(*Regresan con su queja larga las trompas de la
cacería.*)

TELÓN

ACTO *TERCERO*

The following words occur several times in the next scene. Learn to recognize them before you begin to read.

amanecer   to dawn, to be found at dawn, to appear at dawn
amanecer *m.*   dawn, morning;   **al —**   at dawn
campesino   peasant
consejo   council, group of advisers; piece of advice
cortar   to cut, to cut off
desatar   to untie
nudo   knot
peregrino   pilgrim, traveler
reliquia   relic

CUADRO PRIMERO

*En la sala del Alcázar. Noche. El Rey pasea escuchando
con irritada impaciencia a sus consejeros inmóviles.*

EL REY, COELLO, ALVAR, PACHECO

REY. ¡Palabrería, no! No os he reunido en consejo para
escuchar cuentos, ni se puede llegar a conclusiones
tan graves sin razones bien probadas.

COELLO. ¿Dudarás aún que bajo la capa de esos famosos   5
amores se está tramando [1] un alzamiento [2] popular
contra nosotros?

REY. ¡Hechos, hechos!

COELLO. Ayer mismo todas las puertas de nuestros palacios
amanecieron pintadas de rojo, con las iniciales entre-   10
lazadas de doña Inés y de tu hijo. Otra provocación.

ALVAR. Los campesinos han tomado como emblema esas
mismas iniciales grabándolas a cuchillo en nuestros
olivares.

COELLO. Las tabernas de Coímbra están llenas de españoles   15
insolentes que, delante de tus propios soldados, brin-
dan [3] como un desafío con vino de Galicia y llaman su
reina a doña Inés de Castro.

REY. No me interesan cuchillos de campesinos ni brindis [4]
de borrachos.   20

[1] **tramando**   plotting
[2] **alzamiento**   uprising, revolt
[3] **brindar**   to toast
[4] **brindis**   toasts

COELLO. No son solamente los españoles; millares de portugueses piensan también que el verdadero trono ya no está aquí; que está en el Pazo de Santa Clara.

ALVAR. ¿Si ahora se atreven a esto qué será cuando empiece
5   a correr la noticia de ese matrimonio secreto?

REY. Habla tú, Pacheco. Aunque eres el más joven conozco pocas voces tan maduras como la tuya. ¿Por qué callas?

COELLO. No hablará. Es demasiado amigo del príncipe y de doña Inés.

10 PACHECO. Cierto, señor. Más que amigos son para mí dos hermanos.

ALVAR. ¿Lo estás oyendo? No escuches a su consejo.

PACHECO. Hasta ahora he defendido esos amores y no negaré a ningún hombre el derecho a perderse por
15   una mujer. Pero un país es otra cosa.

REY. ¿Entonces también tú crees que esa pobre mujer es un peligro para el país entero?

PACHECO. No es ella. Es que entre todos la hemos convertido en un símbolo. Y un pueblo como el nuestro no
20   se moverá por una idea, pero se dejará matar por un símbolo hermoso. (*Avanza un paso.*) Tú mismo, si no fueras rey, ¿con quién estarías?

REY. ¡Te he pedido respuesta, no preguntas!

PACHECO (*retrocede*). Perdón.

25 REY. En conclusión: ¿consideras a Inés culpable?

PACHECO. Inocente. Pero qué importa aquí la culpa. El Estado no mira lo justo o lo injusto; mira lo necesario.

REY. ¿Tan necesario que exige a sabiendas [5] el castigo de un inocente?

30 COELLO. Los revoltosos han tomado como bandera a esa mujer; y lo primero es arrancarle al enemigo su bandera.

5 **a sabiendas** knowingly

Rey. ¿Es tu consejo también?

Pacheco. ¿Qué otro puede ser? En este momento la Infanta significa nuestra paz; Inés es la promesa segura de una rebelión y de una guerra. No hay duda posible.

DICHOS Y EL MAESTRE

Maestre. Señor . . . Todas mis razones han sido inútiles. La Infanta ha dado a su séquito órdenes terminantes, y al amanecer emprenden el regreso a Castilla.

Rey. ¡No saldrá nadie de Coímbra sin licencia mía!

Maestre. ¿Debo detenerla por la fuerza?

Rey. Manda doblar todas las guardias y espera. En una noche pueden resolverse muchas cosas. ¿Dónde está el príncipe?

Maestre. En la antecámara, a tus órdenes.

Rey. Hazle entrar; y no te alejes mucho. Temo que voy a necesitarte.

(Sale el Maestre. El Rey, pensativo, contempla sus mares fabulosos y los mascarones [6] *de sus galeras. Se acerca a un facistol,* [7] *abre un gran libro con un mapa de Portugal y pasa la mano por él como un ciego por un rostro querido. Entra Pedro.)*

EL REY, COELLO, ALVAR, PACHECO Y PEDRO

Pedro. Señor . . . *(Responde al saludo de los nobles con una muda inclinación.)*

Rey. Acércate, hijo, y escúchame serenamente porque es la última ocasión de una paz digna entre nosotros. ¿Qué ves aquí?

Pedro. Portugal y el mar.

[6] **mascarones** figureheads
[7] **facistol** bookstand

Rey. No olvides nunca esas dos palabras juntas: Portugal
y el Mar. Aquí, Castilla ardiendo y sin agua. Aragón
copándole [8] el Mediterráneo y nosotros el Atlántico.
Si no nos hacemos fuertes, un día esta Castilla muerta
5   de sed se volcará sobre nosotros como se vuelcan sus
ríos desesperados buscando nuestro mar. Míralos ahí.
Mira el Tajo tendido como un brazo desde Toledo a
la garganta de Lisboa. ¿Te das cuenta de lo que significa eso?

10 Pedro. Me lo enseñaste desde muchacho. Que ellos hagan
un pueblo de labradores; nosotros, de navegantes. Que
ellos construyan murallas y nosotros barcos. La tierra
para Castilla y el mar para Portugal.

Rey. Perfectamente; el destino está claro. Pero si hemos
15   necesitado cien años de guerra para hacernos libres,
ahora necesitamos otros cien de paz para hacernos
fuertes. Poner en peligro esa paz es traicionar nuestro
porvenir.

Pedro. Cierto. La pena es que tantas palabras grandes
20   escondan una cosa tan pequeña. ¿Toda esa amenaza
terrible se llama Inés?

Rey. En este momento sí. Si quieres mirar al mar con la
espalda guardada, casa a tus hijos con infanta castellana. Es la única garantía de paz.

25 Pedro. ¿Desde cuándo? Tú te casaste con infanta castellana
y tuviste con Castilla la peor de las guerras.[9]

Rey. Al menos hice lo que pude por evitarla. ¿Qué estás
dispuesto a hacer tú por Portugal?

Pedro. Primero necesitaría saber qué es Portugal.

---

[8] **copándole** cutting her off from
[9] *Alfonso IV married the daughter of Sancho IV of Castile. He had a long
series of struggles with that kingdom, but eventually made peace with
Sancho's grandson, Alfonso XI, became allied with him, and gave him his
daughter María in marriage.*

REY. ¿No lo sabes desde que naciste?

PEDRO. Eso creía, pero empiezo a sospechar que no. Cuando tú dices Portugal piensas en un país entero botado [10] al mar como un inmenso barco. Cuando lo dicen tus consejeros piensan en sus castillos y en las rentas de [5] sus tierras. Cuando lo digo yo pienso en mujeres con amor y con hijos, y en unos pobres campesinos que trabajan cantando para olvidar el hambre. Tres imágenes de Portugal. ¿Puedes decirme cuál es la verdadera?

REY. No he reunido a mi Consejo para discutir palabras, [10] sino para tomar decisiones.

PEDRO. ¿Cuáles?

COELLO (*mostrando un infolio* [11] *sobre la mesa*). Aquí tienes, señor, el acta declarando ilegal tu matrimonio secreto y pidiendo su anulación. No falta más que tu [15] firma.

PEDRO. ¿Nada más? Lástima que un documento tan solemne vaya a quedar inútil por un detalle tan pequeño.

REY. ¡Sin ironías, Pedro! ¡Tu firma!

PEDRO. Sabes que puedes pedírmelo todo menos sacrificar [20] a Inés.

REY. ¡Inés, Inés . . . ! ¿Lo estáis oyendo? ¿Para qué hablarle de tierras y de mares si él todo lo reduce a un tamaño de mujer? [12] ¿Esperábais de mí al gran rey de mañana,[13] al legislador, al héroe? ¡Ahí tenéis, en su lugar, al [25] pobre hombre que me ha dado Dios: con todas sus ambiciones en la frontera de una alcoba y todas sus batallas en llanura blanca! ¡Esto es lo que voy a dejaros para mi vergüenza!

---

10 **botado**   pushed out, thrust forward
11 **infolio**   large book
12 **a un tamaño de mujer**   to the size of a woman
13 **¿Esperábais . . . mañana**   Did you expect my son to be the great king of the future?

PEDRO. ¡No, padre! ¡Insultos para fiesta [14] de tus cortesanos, no! ¡Con licencia! (*Ademán de salir.*)

ALVAR (*acercándose a Pedro*). Calma, señor.

PACHECO. Mira que creyendo defender a Inés no haces más
5   que ponerla en mayor peligro. (*Pedro se detiene sin volverse.*)

COELLO. Te estamos ofreciendo una fórmula legal para desatar tu matrimonio.

REY. Piensa a donde nos empujas si la rechazas. Cuando
10   un nudo no se puede desatar, se corta.

PEDRO (*se vuelve pálido*). ¿Se corta . . . ? ¿Qué has querido decir con esa palabra? (*El Rey huye la mirada.*) ¿He oído bien, Coello? (*Coello baja los ojos.*) ¿He oído bien . . . ?(*Alvargonzález baja los ojos.*) ¡No, no puede
15   ser verdad . . . ! (*Se dirige a Pacheco.*) Ésos dos serían capaces . . . Pero tú has sido mi compañero . . . Tú te has sentado cien veces a la mesa de Inés . . . (*Aferrándole de los brazos en un brusco movimiento de angustia.*) ¡Mírame, Pacheco . . . !

20 PACHECO. Por favor, señor . . . (*Se aparta. Pedro reacciona con una voz sorda que le tiembla arrastrada.*[15])

PEDRO. ¿Ah, de manera que también tú? . . . ¿Y por qué sólo tres? ¿Por qué no trescientos contra una mujer? ¡Cobardes!

25 REY. Ellos cumplen su deber y no pueden responderte. Háblame a mí.

PEDRO. Pues a ti te lo digo. De mí haz lo que quieras. ¡Pero no te atrevas con ella porque ese día dejarás de ser mi rey y no tendrás enemigo más implacable que yo!

30 REY. ¡Pedro . . . !

---

[14] **fiesta**   amusement
[15] **una voz . . . arrastrada**   a hollow, shaking voice, as if it were dragged out of him

PEDRO. ¡Por la salvación de mi alma te lo juro! (*Avanza resuelto.*)

REY. ¿Serías capaz de levantar la mano contra tu padre?

PEDRO. ¿No la levantaste tú contra el tuyo? [16]

REY. ¡Basta! ¡Aquí la guardia! ¡Maestre ... ! ¡Maestre ... ! [5]
(*Entran el Maestre y cuatro soldados.*)

DICHOS, EL MAESTRE Y SOLDADOS

MAESTRE. Señor ...

REY (*dominando su voz*). El príncipe acaba de sufrir un arrebato de locura [17] y va a necesitar un largo descanso. [10] Acompáñalo al castillo de Montemor.

MAESTRE. ¿Con qué instrucciones?

REY. Aislamiento absoluto. Que no escriba a nadie ni se despida de nadie. Sobre todo te recuerdo que el camino de Montemor no pasa de ningún modo por el [15] Pazo de Santa Clara. ¿Comprendido?

MAESTRE. Comprendido. ¿Vamos ... ?

PEDRO. Adiós, padre y señor. Y vosotros no lo olvidéis: aquí o en el último rincón de la tierra, mañana o dentro de veinte años, es igual ... ¡al que se atreva a [20] tocar un solo cabello de Inés más le valiera [18] no haber nacido! A tus órdenes, Maestre. (*Sale entre los soldados. El Rey flaquea un instante y se apoya en la mesa.*)

EL REY, ALVAR, COELLO, PACHECO

COELLO. Habrás visto, señor, que la llaga era aún más [25] profunda de lo que sospechábamos.

ALVAR. Un paso más y ya estaríamos en plena rebelión.

PACHECO. Ojalá hayamos llegado a tiempo.

---

[16] *See above, p. 81, note 102.*
[17] **arrebato de locura**   a fit of insanity
[18] **más le valiera**   it would be better for him

REY. Con él, sí; la prisión se encargará de domarlo. Ahora hay que pensar en ella.

ALVAR. ¿Pensar qué? ¿No acabas de dar tú mismo la sentencia?

⁵ COELLO. ¿En qué pensabas, si no, cuando dijiste que el nudo que no se puede desatar se corta?

REY. No sé... A veces las palabras se adelantan al pensamiento. ¿En qué pensasteis vosotros?

COELLO. En la única solución que queda ya.

¹⁰ REY. ¡Dila! Pronuncia de una vez esa maldita palabra que todos andamos bordeando.¹⁹

COELLO. ¿La muerte?

REY. La muerte... ¡Qué fácil de decir! ¡Pero cuál sería tu sentencia si tuvieras que cumplirla con tu propia
¹⁵ mano?

COELLO. La misma, señor.

REY. No sabía que la odiabas tanto. ¿Alvargonzález?...

ALVAR. La muerte, señor.

REY. ¿También tú guardas algún rencor?

²⁰ ALVAR. Cumplo un deber.

REY. Está bien. Ahora tú decides, Pacheco, pero piensa primero lo que vamos a jugarnos todos. ¿Quién era yo hasta hoy? El Rey de las Cien Batallas. ¿Y vosotros? Los tres nobles Hidalgos. Pues bien: matemos
²⁵ esta noche a Inés, y mañana yo no seré más que el rey del crimen, y vosotros el coro de traidores.

COELLO. Nadie podrá decir eso.

REY. Lo dirán juntos el pueblo y los poetas. Lo dicen siempre que hay por medio una mujer.

³⁰ PACHECO. ¿Y qué puede importarte? Tu trabajo es hacer la historia; que ellos la cuenten mañana como quieran.

---

¹⁹ **que todos andamos bordeando** which we are all hinting at

REY. Un momento aún. Tú has sido muy amigo de [20] Inés, ¿verdad?

PACHECO. Mucho.

REY. Recuerda algo suyo, por pequeño que sea ... pero vivo, como si lo estuvieras viendo. 5

PACHECO. ¿Para qué, señor?

REY. No preguntes. Recuerda.

PACHECO. Una tarde de sol llegué a su patio de Santa Clara muerto de sed. La encontré sacando agua del pozo, y ella misma me dió de beber en el hueco de sus 10 manos. Con el último sorbo [21] se las besé riendo.

REY. ¡Así, Pacheco! ¡El sol y el agua fresca, el beso y la risa ... ! ¡Recuérdala así! ¡Y ahora dí tu sentencia! (*Pacheco le mira largamente, conmovido. El Rey insiste febril.*) ¡Dila si tienes coraje! ¡Dila! 15

PACHECO (*baja los ojos y contesta al fin amargamente*). La muerte, señor. (*Se deja caer abrumado [22] en un escabel [23] bajo, y queda inmóvil con el rostro entre las manos. Los consejeros se acercan poco a poco.*)

REY (*sin voz*). ¡La muerte ... ! 20

ALVAR. ¿Por qué dudas hoy?

COELLO. Cuando se ha tratado de tu pueblo no te han detenido fronteras ni pestes ni guerras. ¿Va a detenerte ahora una mujer?

ALVAR (*acercándose*). Señor ... (*Silencio*) 25

PACHECO (*llega a tocarle suavemente un hombro*). Señor ...

COELLO. ¿Pero qué le pasa? ¿Está llorando?

PACHECO. Peor. Nuestro gran rey está simplemente viejo ... y tiene sueño.

[20] **muy amigo de** very friendly with
[21] **sorbo** gulp
[22] **abrumado** overwhelmed
[23] **escabel** stool

Rey (*inmóvil, glacial*). No, Pacheco; ni el llanto ni el sueño me están permitidos. (*Alza al fin la cabeza, se levanta y recobra su voz de mando.*) Manda prevenir caballos y escolta. Saldremos en cuanto estén.[24]

5 Pacheco. ¿Adónde, señor?

Rey. Al Pazo de Santa Clara.

TELÓN

[24] *i.e.* prevenidos

The following words occur several times in the next scene.
Learn to recognize them before you begin to read.

brial *m.*   gown, robe
celosía   lattice, grille
descalzo   barefoot, unshod
rabel *m.*   rebeck (*an ancient three-stringed musical instrument,
    played with a bow*)
retumbar   to echo, to resound
tropa   troop of soldiers

Noche en el Pazo. Dormitorio de Inés. Lecho con balda-
quino.[1] Lámpara de aceite ante una Virgen bizantina. Re-
clinatorio [2] de terciopelo rojo. Al fondo, celosía con claro
de luna.

Inés—cabello suelto y amplio brial blanco, como para
dormir—termina de rezar una letanía que Amaranta, arro-
dillada en el suelo, contesta con el 'ora pro nobis' [3] ritual.
Es una oración dicha con la simplicidad doméstica de lo
que se hace todos los días, sin otra solemnidad que la que
las propias palabras encierran.

INÉS Y AMARANTA

INÉS. Reina de los mártires... Reina de las vírgenes...
Reina sin pecado original... Reina de la Paz...
Agnus Dei qui tollis peccata mundi.[4]
5 AMARANTA. Parce nobis, Dómine.[5]
INÉS. Agnus Dei qui tollis peccata mundi.
AMARANTA. Exaudi nos, Dómine.[6]
INÉS. Agnus Dei qui tollis peccata mundi.
AMARANTA. Miserere nobis.[7]

---

[1] **baldaquino** canopy
[2] **Reclinatorio** prie-dieu
[3] **ora pro nobis** (*Latin*) pray for us
[4] **Agnus ... mundi** (*Latin*) Lamb of God who takest away the sins of the
world (*This and the following Latin phrases are from the 'Litany of the*
Virgin.')
[5] **Parce nobis, Domine** (*Latin*) Spare us, O God
[6] **Exaudi nos, Domine** (*Latin*) Hear us, O God
[7] **Miserere nobis** (*Latin*) Have pity on us

LAS DOS. Amén. (*Se santiguan. Inés besa la cruz de su rosario, y con la misma naturalidad del rezo entran en el diálogo cotidiano.*[8])

INÉS. Debe ser muy tarde.

AMARANTA. Por la altura de las Siete Estrellas, rondando [9] la media noche. ¿No vas a acostarte?

INÉS. Vete tú si tienes sueño. Yo no podría dormir sin él y sólo conseguiría intranquilizarme más.

AMARANTA. ¿Y otras veces, cuando se va de viaje?

INÉS. De los viajes siempre se vuelve cuando se quiere. Lo peligroso es el palacio. (*Con un repentino gesto de silencio.*) Chisst... ¿No oyes...?

AMARANTA. ¿Qué?

INÉS. Como un galope de caballo... lejos... (*Escuchan las dos.*)

AMARANTA. Nada; el viento en los álamos.[10]

INÉS (*se sienta en una silla baja junto a un costurero [11] del que saca un espejo de plata*). ¿Quedaron bien dormidos los niños?

AMARANTA. Los estoy viendo: [12] Juan con aquel dichoso pie fuera de la sábana, que no hay manera de tapárselo; Dionís con los puños apretados; y Beatriz con sus dos hoyitos [13] aquí como si estuviera soñando. ¿Podrá soñar ya, tan pequeña?

INÉS (*pensativa, fija en su espejo*). Tres hijos...

AMARANTA. ¿Y quién te dice que no? Las mujeres todo lo empezamos antes. Claro que también se nos termina primero. ¿No me escuchas?

---

[8] **cotidiano**   daily
[9] **rondando**   getting close to
[10] **álamos**   poplars
[11] **costurero**   sewing box
[12] **Los estoy viendo**   I can just see them now
[13] **hoyitos**   dimples

Inés. No. Perdón. Dime . . . ¿a qué edad deja una mujer de
    ser joven?

Amaranta. Pero, ¿qué estás pensando, alma de Dios? Tienes
    veintisiete años, y no hay moza garrida [14] que se te
5   iguale.

Inés. Por mí no me importaría . . .

Amaranta. ¿Por él? ¿Es que no te fijas cómo te mira? Si
    el sol mirara así a los trigos, todo el año sería cosecha.

Inés. Gracias, Amaranta. Mi cofre . . . (*Cuando Amaranta*
10 *va a buscar la arqueta que ya conocemos vuelve a im-*
    ponerle silencio bajando la voz.) Chisst . . . ¿Oyes
    ahora?

Amaranta. ¿Tu galope otra vez? Es por dentro . . . aquí,
    en la sien. (*Trae el cofrecito para guardar el rosario.*)
15 Con los rosarios que tienes de oro y marfil ¿por qué
    prefieres siempre ése de hueso de oliva? [15]

Inés. Es una reliquia; del Huerto de la Oración.[16] Se lo
    dió a mi madre un peregrino que fue descalzo de Jeru-
    salén a Compostela.

20 Amaranta. Debe de ser maravilloso Compostela, con pere-
    grinos del mundo entero.

Inés. Maravilloso. El día del Apóstol se oyen palabras de
    todos los idiomas, ruedan monedas de todos los países
    y llegan de lejos pecados extraños que aquí no se cono-
25 cen. (*Aprieta contra el pecho el pergamino.*)

Amaranta ¿Y eso? ¿Otra reliquia?

Inés. Otra. Braganza, primero de enero . . . (*Toma el*
    laúd.[17])

Amaranta. ¿Vas a cantar a estas horas?

---

[14] **garrida**   handsome
[15] **hueso de oliva**   olive stone
[16] **Huerto de la Oración**   Garden of Gethsemane
[17] **laúd**   lute

INÉS. A recordar. Cantar es igual que pensar en voz alta. *(Pulsa unos acordes. Canta una antigua melodía galaica, íntima como una confidencia.)*

> Mis ojos van por la mar,
> buscando van Portugal ...   5
> Mis ojos van por el río,
> buscando van a mi amigo ...

AMARANTA *(que se ha reclinado en la celosía)*. Chisst... Silencio ... ¡Ahora sí, mi señora! ¡Ahora sí! ¡El caballo! *(Se oye galope en tropel sobre tierra blanda.)* 10

INÉS. ¡Por fin! *(Deja el laúd, toma el espejo y se arregla los cabellos.)*

AMARANTA. ¿Lo oyes? Nunca oí retumbar así los cascos de un caballo ...

INÉS. La noche todo lo agranda.   15

AMARANTA. Parecen dos.

INÉS. Vendrá con el Maestre.

AMARANTA. Ojalá ... Pero no ... Tampoco son dos ... Ni cuatro ... ¡Es una tropa!

INÉS. ¿Una tropa en el Pazo?   20

AMARANTA. ¡Son hombres de armas ... rodeando la casa! ¡Viene con ellos aquel viejo que estuvo aquí el otro día con el niño Juan ... !

INÉS. ¿El Rey? Entonces muy alta ha de ser la razón. *(Se oye retumbar abajo el aldabón.[18])* ¡Ya están ahí!   25

AMARANTA. Fragoso está a la puerta. ¿O quieres que baje yo?

INÉS. No, no me dejes ... *(Aldabonazos.[19])*

AMARANTA. Valor, mi señora ... Puede ser un mensaje.

INÉS. ¿En plena noche y con el Rey en persona? No ... 30
eso es que a Pedro le ha ocurrido alguna desgracia ...

---

[18] **aldabón** door knocker
[19] **Aldabonazos** knocking sounds

Quizá me lo traen cruzado sobre un caballo.[20].. (*Se
tapa los ojos.*) ¡¡No!! (*Cae de rodillas.*) Santa María
Gloriosa: ¡Cien heridas mías por una suya! Mi patrón
San Yago: ¡Sálvamelo y yo iré descalza a Compostela!
5   ... ¡Sálvamelo!

DICHAS Y EL REY. DETRÁS ENTRAN PACHECO, ALVAR Y COELLO.

INÉS. ¿Qué le ha ocurrido a tu hijo?
REY. ¿A mi hijo?
INÉS. ¡No me mientas por lástima! Está herido, ¿verdad?
10   ¿Lo traes contigo?
REY. No se trata ahora de él.
INÉS. Dímelo tú, Pacheco. Tú no puedes engañarme.
¿Dónde está Pedro?
PACHECO. Con el Maestre, camino de Montemor.
15 INÉS. ¿Preso?
REY. Te repito que él no importa ahora. Eres tú la que
nos trae.
INÉS. ¿Entonces tantas lanzas y espadas, tantos soldados y
caballos eran sólo contra mí? Gracias, ¡bendito Dios!
20   Había llegado a pensar lo peor.
REY. ¿Dónde están los niños?
AMARANTA. Dormidos, señor.
REY (*a Pacheco*). Acompáñala. Que los despierte y los vaya
vistiendo.
25 INÉS. ¡No...! ¿Qué quieres decir? ¡Es que vienes a qui-
tármelos!
REY. No temas; contra ellos no hay nada.
INÉS (*en actitud de* [21] *cerrar el paso*). ¡Pero son míos!
REY. ¡Ya no! Acompáñala. (*Sale Pacheco con Amaranta.*)
30   Vosotros, que no quede un hombre con armas, y espe-

---

20 **cruzado sobre su caballo**   hanging senseless across his saddle
21 **en actitud de**   as if she were going to

rad. Yo llamaré. (*Vuelven por donde entraron Coello y Alvargonzález.*)

INÉS Y EL REY

INÉS. ¿Tan grave es lo que te trae a mi casa?

REY. ¿No lo has comprendido ya? Mi Consejo te ha juzgado ⁵ y te condena.

INÉS. ¿Por qué delito? ¿Por el amor de tu hijo?

REY. Éso fue solo el principio. Ahora es la pasión de mi pueblo lo que estás despertando. Y un pueblo entero enamorado puede hacer más locuras que ningún hom- ¹⁰ bre.

INÉS. ¡Pero tú sabes que soy inocente!

REY. No hace falta ser culpable. Eres un peligro contra el cual no hay más que dos soluciones. Elige tú.

INÉS. ¿Dos? ¿Cuál es la primera? ¹⁵

REY. La primera, la anulación de tu matrimonio y el casamiento de Pedro con la Infanta.

INÉS. Entonces, señor, acepto la segunda.

REY. Lo estaba temiendo. ¿Pero sabes cuál es la segunda, pobre Inés? ²⁰

INÉS. Si no la imaginara me bastaría mirarte a los ojos.

REY. ¿Y serías capaz de aceptarla así, en plena belleza y en plena juventud?

INÉS. ¿Qué otro camino me queda?

REY. ¡No, no puedes dejarte morir así! El capitán de la ²⁵ escolta tiene órdenes mías para acompañarte a un refugio seguro. Hay conventos en Portugal donde ni el mismo rey puede entrar.

INÉS. ¿Podrían entrar Pedro y mis hijos?

REY. Imposible. ³⁰

INÉS. Entonces, ¿para qué me sirven?

Rey. ¡Por lo que más quieras! ¡He matado a millares de hombres, pero a una mujer nunca!

Inés. ¿Qué tenías contra ellos que no tengas contra mí?

Rey. Eran enemigos de guerra o malhechores; [22] contra
5 unos me ayudaba la furia o el odio; contra los otros, la cólera o la justicia. Contra ti no tengo más que la razón . . . ¡y es demasiado poco, Inés!

Inés. ¿No te bastan ya las grandes palabras de tu vida: El Deber, la Ley, la Bastardía . . . ?

10 Rey. Esta noche, no. He envejecido de repente y siento un frío que me hace temblar.

Inés. Comprendo, pobre rey; si yo estuviera en tu lugar también temblaría. Pero no te engañes. No soy yo la que te inspira lástima. Eres tú mismo.

15 Rey. ¿Yo . . . ?

Inés. Tú. Has cumplido un largo reinado de gloria, y es triste tener que mancharlo así al final. Has luchado todos los días de tu vida y ahora que tendrías derecho al descanso mi recuerdo [23] no va a dejarte dormir. ¿No
20 es eso, pobre Alfonso?

Rey. ¡Calla, no me atormentes además con la duda! ¿Has visto alguna vez al juez suplicando al condenado? Pues aquí lo tienes. ¡Por la sangre de Cristo, Inés, líbrame de tu cruz! ¡Por tu amor y tus hijos, líbrame de tu
25 muerte!

Inés. Lo siento, señor, pero ¿qué puedo hacer? En este tablero de ajedrez [24] en que nos ha puesto Dios yo no soy más que una pieza. El que mueve eres tú.

Rey. No hay más que un movimiento posible.

[22] **malhechores** evil-doers
[23] **mi recuerdo** the memory of me
[24] **tablero de ajedrez** chess-board

INÉS. Hay dos. Pedro o la muerte. ¡Mueve!

REY. ¡Mira que estás dictando tu propia sentencia!

INÉS. Hace diez años que la vengo temiendo y esperando. ¡Mueve!

REY. ¿Pero qué pretendes con esta locura? ¿Qué nueva reli- 5 gión quieres hacer de ti?

INÉS. ¡Por piedad! ya es demasiado tarde para palabras. ¡Mueve!

REY. Está bien. Tú lo has querido. (*Llama en voz alta.*) ¡Pacheco ... Coello ...! (*Inés cae sollozando en un* 10 *escabel. El Rey se acerca con un vislumbre* ²⁵ *de espe-ranza.*) ¡Por fin ...! Cuánto me has hecho esperar esas lágrimas, que tenían que llegar. Ánimo, querida. El Capitán se pondrá a tus órdenes. ¿Vamos ...?

INÉS. No, gracias. Ya pasó.²⁶ Fue una caída de repente al 15 pensar en mis hijos. ¿Adónde los llevas?

REY. A palacio. Vivirán conmigo y serán tratados como In-fantes.

INÉS. ¿Puedo despedirme de ellos?

REY. Eso no. Sería un dolor inútil. 20

INÉS. Te juro que no me verán ni una lágrima.²⁷ (*Se le-vanta.*) ¿Puedo?

REY (*terminante*). No.

INÉS. Abrazálos fuerte por mí. Y prométeme que no sabrán nada hasta que puedan comprender. 25

REY. No lo sabrán.

INÉS. Gracias.

REY. Adiós, Inés. (*Entran los cortesanos.*) Señores: juro ante Dios que he hecho cuanto me fue posible por sal-

---

²⁵ **vislumbre**   glimmer
²⁶ **Ya pasó**   It's all over
²⁷ **no me ... lágrima**   they won't see me shed a single tear

var a esta mujer. Ahora lo que queda está en vuestras manos. (*Se encamina a la salida. Se detiene.*) Por última vez ... una palabra ... ¡una sola!

INÉS. Adiós, mi buen señor. (*Sale el Rey. Inés mira serenamente a los tres hombres turbados.*)

INÉS, COELLO, ALVAR, PACHECO

INÉS. ¿Por qué bajáis la cabeza? ¿Sois vosotros los acusados?

COELLO. Tengo una cosa que pedirte en nombre de los tres.

INÉS. No necesitas decirlo; yo te perdono. Y a ti, Alvargonzález. Al enemigo es natural perdonarlo. ¡Pero tú, Pacheco! ¡Tú!

PACHECO. Era necesario. Si no estuviera yo aquí todos dirían que fue un crimen.

INÉS. No te entiendo.

PACHECO. Ellos dos te odian. Tenía que haber [28] también uno que te quisiera. ¿Comprendes ahora?

INÉS. Comprendo. (*Una larga mirada de despedida a sus cosas.*) ¿Es hora ya?

ALVAR. ¿Para qué prolongar esto?

COELLO. ¿Necesitas algo?

INÉS. Nada. Estaba pensando qué distintas son todas las cosas cuando se ven por última vez. (*Gesto de silencio.*) ¿Oyes ese rumor de agua?

PACHECO. El Mondego. ¿No lo has oído mil noches?

INÉS. Por eso lo digo: me había acostumbrado a dormirme con esa voz querida, y sólo ahora me doy cuenta de lo maravilloso que es. ¿Cómo puede llegar a parecer tan natural este milagro de ser feliz? ¿Y esa rama que se asoma a mi ventana? ¿Le habré dado las gracias alguna vez?

---

[28] **Tenía que haber**   There had to be

COELLO. No es momento para perderlo tan a ras de tierra.[29]
Piensa más alto, señora.

INÉS. ¿Rezar? Acababa de hacerlo cuando llegasteis. Pero
esta noche rezaré una oración más. ¿Un último favor,
Pacheco?

PACHECO. Dí.

INÉS. No me hagáis daño.[30] Me llaman 'cuello de garza.' . . .
¡y con un cuello así debe ser tan fácil . . . !

PACHECO. Te lo prometo. Reza, Inés.

(Están apartados, uno a cada lado, y Alvar al fondo.
Inés, de espaldas a ellos, avanza con los ojos altos y las
manos cruzadas, diciendo la 'canción de amigo' como
una plegaria.[31])

> Mis ojos van por la mar,
> buscando van Portugal . . .
> Mis ojos van por el río,
> buscando van a mi amigo . . .
> Mis ojos van por el aire . . .
> buscando van a mi amante.

(Pacheco mira a los otros como una orden,[32] y las tres
dagas, relucientes, se desnudan al mismo tiempo. Inés
cierra los ojos.)

> Mis ojos van y no vuelven . . .
> Perdidos van por la muerte . . .

(Baja la cabeza ofreciendo el cuello. Los tres hidalgos
avanzan en conmovido silencio lentamente. No llegan
a levantar las armas. Empieza a oírse la melodía desga-
rrada [33] del rabel. Ha caído el

TELÓN

29 **tan . . . tierra** on such mundane things
30 **No me hagáis daño** Don't disfigure me
31 **plegaria** prayer
32 **como una orden** as if he were giving an order
33 **desgarrada** broken, discordant

The following words occur several times in the next scene. Learn to recognize them before you begin to read.

angustia anguish, suffering
bosque *m.* forest
niebla mist, fog
puñal *m.* dagger
romance *m.* ballad

CUADRO TERCERO

Claro de bosque[1] *en el camino de Coímbra a Montemor.*
Luna. Un tronco en el pastizal.[2]

   Un rabel lejano toca la melodía con que se acompaña
tradicionalmente el viejo 'Romance del Palmero.'[3]
En escena Pedro, El Maestre y dos Soldados a cada
lado.

PEDRO, EL MAESTRE, SOLDADOS

MAESTRE. Esperemos el amanecer aquí. Que dejen sueltos
los caballos y enciendan una buena hoguera.[4] (*Salen*
los soldados.) ¿Tienes frío otra vez?

PEDRO. Escalofríos.[5]   5

MAESTRE. Seguramente un poco de fiebre. ¿No vas a descansar?

PEDRO. Me crispa[6] esa música desgarrada.

MAESTRE. Algún pastor tocando el rabel.

PEDRO. Cuando la oía de niño siempre soñaba cosas tristes. 10
Tiene algo de mal presagio. (*La música va perdién-*
dose.)

MAESTRE. No es la música. Lo llevas dentro desde que salimos de Coímbra.

---

[1] **claro de bosque**   forest glade
[2] **pastizal**   grass
[3] **Romance del Palmero**   *A very old ballad, a popular melody which*
is still sung in Castile. The whole ballad is printed in S. Griswold Morley,
'El romance del "Palmero,"' Revista de Filología Española IX (1922),
298-310.
[4] **hoguera**   bonfire
[5] **Escalofríos**   chills
[6] **crispa**   irritates

PEDRO. Quizá un remordimiento. No debimos dejarla de ninguna manera en Santa Clara.

MAESTRE. El rey prohibió terminantemente acercarse al Pazo.

5 PEDRO. ¿Qué importan órdenes para dejar [7] sola a una mujer rodeada de enemigos?

MAESTRE. Nadie se atreverá. Ten fe y espera.

PEDRO. ¡No puedo! Al empezar este viaje era sólo una impaciencia del instinto; después, la angustia y la fiebre . . .
10 ¡Ahora es como estar atado en un lecho de hormigas! ¡No puedo más! Maestre, me duele decirlo, pero por primera vez en mi vida voy a faltar a mi palabra.

MAESTRE. ¿Qué palabra, señor?

PEDRO. Te prometí obedecerte como prisionero, y no puedo
15 cumplirlo. Necesito ir a buscar a Inés ahora mismo.

MAESTRO. ¿Una fuga? ¿Has pensado que toda la responsabilidad caerá sobre mí?

PEDRO. Eso es lo que me detenía, pero te juro que no puedo más. Si me pones delante a tus soldados pasaré sobre
20 ellos. Si te pones tú pasaré sobre ti. Perdóname, pero me comprendes, ¿verdad?

MAESTRE. Comprendo, señor. La locura es lo que comprendemos mejor en Portugal.

PEDRO. Gracias, Maestre.

25 MAESTRE. El bosque es espeso y está empezando a bajar la niebla. ¿Necesitas compañía?

PEDRO. Ninguna. Mi caballo conoce a ciegas [8] todos los caminos que van a casa de Inés.

MAESTRE. Yo mismo te lo traeré. Un instante. (*Sale. Vuelve*
30 *a oírse el rabel.*)

(*Pedro se sienta fatigado en el tronco, con la cabeza*

---

[7] **para dejar**   when it is a question of leaving
[8] **a ciegas**   blindfolded, in the dark

entre los brazos. Pausa oyéndose la triste melodía
lejana. Luz intensamente azul. Entre los árboles apa-
rece Inés con el cabello suelto y el brial blanco de su
último momento. Lleva anudado al cuello un largo
chal rojo-sangre. Queda en silencio contemplando a 5
Pedro. Solamente una rítmica lentitud de movimiento
y una ligera salmodia ⁹ *en la voz acusan* ¹⁰ *la irrealidad*
de su presencia. La melodía se acerca. Pedro parece
sentir la proximidad del misterio. Alza la cabeza mi-
rando a un lado y a otro, y luego da unos pasos hacia 10
ella.)

INÉS Y PEDRO

PEDRO. ¿Quién...? ¿Quién anda ahí...?
INÉS (*avanza con las palabras del romance*).
　　　　'¿Dónde vas, príncipe Pedro?　　　　　　　　15
　　　　¿Dónde vas, triste de ti?
　　　　Tu enamorada está muerta...
　　　　Muerta está, que yo la vi...' ¹¹
PEDRO. ¿Quién eres?
INÉS. ¿No me conoces ya?　　　　　　　　　　　　20
PEDRO. Oigo un rumor de voz, pero no sé si es el viento...
　　Veo una sombra blanca y roja, pero no sé si es la
　　niebla...
INÉS. Lo blanco me lo regalaste tú; lo rojo me lo pusieron
　　tus amigos.　　　　　　　　　　　　　　　　25
PEDRO. No distingo apenas las palabras... ¿Es que estás
　　muy lejos?
INÉS. ¡Aquí mismo, pero tan separados! Tú en el lado de
　　todas las preguntas; yo en el de la única contestación.
PEDRO. Tienes triste la voz. ¿No has sido feliz?　　　30

⁹ **salmodia** chanting
¹⁰ **acusan** reveal
¹¹ *Lines, somewhat altered, from the 'Romance del Palmero.'*

Inés. Diez años. Pero, ¿sabes lo que son diez años felices de mujer? No, pobre Pedro, ni lo sospechas siquiera. Son tres mil días de angustia entre todos los miedos posibles: el de perder la juventud y la belleza, el de que tu
5 amor se hiciera costumbre y tu placer cansancio, el de no encontrarte una mañana al despertar, el de sólo pensar que dejaras de quererme... Y a veces el más terrible y el más estúpido de todos: el miedo de que algún día, sin saber cómo, pudiera dejar de quererte
10 yo.

Pedro. Perdóname. No imaginaba que te había hecho sufrir tanto.

Inés. ¿Perdonarte? ¿Pero es que los hombres no acabaréis de comprendernos nunca? [12] ¿Crees que si pudiera vol-
15 ver a vivir me dejaría quitar [13] ni uno solo de los minutos que sufrí contigo?

Pedro. Ya no te oigo las palabras... pero tu voz parece más alegre cada vez.

Inés. Es que ahora empieza la otra gran felicidad. Porque
20 lo que nos queda para siempre es el gesto que teníamos al morir. Y tú aún puedes cambiar. Tú pasarás por otros labios y otros brazos.[14] ¡Pero yo ya no! ¡ya estoy salvada! (*Vuelve a oírse la melodía al otro lado del bosque. Inés cruza siguiéndola.*) ¡Benditos los tres
25 puñales que me mataron joven y hermosa, porque ahora ya lo seré siempre! ¡Benditos los que me mataron enamorada, porque ahora tengo toda la eternidad para seguir queriéndote!

Pedro. Espera... No me dejes...

[12] **los hombres...nunca** you men will never completely understand us
[13] **me dejaría quitar** I would give up
[14] **Tú...brazos** You will know other lips and other embraces

INÉS. No puedo . . . me llama esa música . . . Adiós, mi amor querido. Gracias por todo lo que me diste, y gracias por cada vez que vuelvas a pensar en mí. (*Se aleja lentamente con el romance.*)

> 'Sus cabellos eran de oro,   5
> sus manos como el marfil;
> siete condes la lloraban,
> caballeros más de mil . . .'

PEDRO. ¡Inés . . . Inés . . . ! (*Parece despertar. Va a lanzarse tras ella. Entra el Maestre.*)   10

PEDRO, EL MAESTRE, LUEGO FRAGOSO Y SOLDADOS

MAESTRE. Señor . . . ¿Llamabas?

PEDRO. ¿No has visto cruzar una sombra blanca?

MAESTRE. Un desgarrón [15] de niebla.

PEDRO. ¿Y la voz?   15

MAESTRE. El viento en las ramas.

PEDRO. No. No entendí bien las palabras, pero esa voz . . . ¡esa voz la he tenido mil noches en mi almohada! ¡Era ella! ¡Inés . . . !

MAESTRE (*le detiene*). Calma, señor. Una alucinación . . .   20
Tienes fiebre.

PEDRO. No basta la fiebre. ¿Y este cordel que me aprieta la garganta . . . ? ¿Y estas rodillas que se me niegan? [16] ¿Y este frío en el tuétano . . . ? ¡Que no lo sepa nadie, pero mírame! Yo que no he tenido miedo nunca . . .   25
¡Tengo miedo en las manos! ¡tengo miedo en la entraña! ¡tengo miedo en los huesos . . . ! (*Se oyen voces confusas en el bosque dando el alto,*[17] *y a Fragoso defendiéndose y llamando.*)

---

[15] **desgarrón**   wisp
[16] **se me niegan**   grow weak
[17] **dando el alto**   calling 'Halt!'

Voz de Fragoso. ¡Suelten...! ¡Señor...! ¡Mi señor!

Maestre. ¡Alto! ¿Quién da voces ahí? (*Aparecen dos solda-dos forcejeando con Fragoso. Por el extremo opuesto acuden otros.*)

5 Pedro. ¿Fragoso...? ¡Quietos vosotros! (*Lo sueltan. Fra-goso cae sollozando a los pies de Pedro.*)

Fragoso. ¡Mi príncipe y señor...!

Pedro. ¡Dónde está Inés! ¡Habla! ¿La has traído contigo? ¿Está presa...? ¿Desterrada...? ¡Habla! ¿Dónde
10   está?

Fragoso. Está muerta, señor.

Pedro. ¡No, eso no! También yo lo creí un momento, pero fue un sueño de fiebre... ¿Quién la vio morir?

Fragoso. Yo la vi. Al filo de [18] media noche... rezando tu
15   nombre...

Pedro. ¡No puede ser! ¡Te digo que no puede ser! ¿Muerta Inés y la tierra no se abre...? ¿Y la luna en su si-tio...? ¿Y yo aquí de pie...? Pero entonces... ¿es que todo en el mundo es mentira?

20 Fragoso. Eran tres puñales y una tropa de escolta...

Pedro. Los nombres. ¡Dilos en voz alta!

Fragoso. (*levantándose*). Coello, Alvargonzález, Pacheco.

Pedro. ¡Óiganlo mis soldados! Coello, Alvargonzález, Pa-checo...! ¡Que no los olvide nadie...! ¡Yo y mis pe-
25   rros persiguiéndolos por bosques y montañas...! ¡La mejor cacería de mi vida...! ¿Quién más fue?

Fragoso. Los tres solos.

Pedro. Mientes. Ellos solos no tendrían coraje. Alguien más alto les guardaba la espalda. ¿Quién?

30 Fragoso. Por tu alma, no me obligues a decirlo.

Pedro. Dilo. Dilo aunque te queme la boca como a mí. ¿Fue mi padre?

18 **al filo de**   just about

FRAGOSO. Fue.

PEDRO. Júralo.

FRAGOSO. ¡Lo juro por la Santa Cruz! ¡Fue el Rey nuestro señor!

PEDRO (*retrocede un instante sin aliento*). ¡Has oído, Maes- 5
tre? ¡Si ese hombre ha mentido arrástrenlo a la cola
de un caballo al galope! Pero si es verdad . . . ¡arda la
tierra por los cuatro rumbos! ¹⁹ (*Avanza febril llamando en todas direcciones.*) ¡Aquí mis capitanes!
¡Mis peones de espada,²⁰ mis hidalgos de lanza! ²¹ . . . 10
¡Todas mis armas contra mi padre! ¡Pescadores del
Douro . . . labradores del Miño . . . pastores de Tras-
os-Montes . . . ! ¡Todo mi pueblo contra mi padre!
¡Y tú, brazo rabioso; y tú, pecho de hieles; ²² y vosotras,
entrañas! . . . ¡Toda mi sangre contra mi padre! (*Le-* 15
vanta la espada desnuda.) ¡Portugal contra el Rey! . . .

MAESTRE (*lo mismo*). ¡Portugal contra el Rey! . . .

SOLDADOS. ¡Portugal contra el Rey! . . .

(*Oscuro sobre* ²³ *el último grito al que contesta el
pueblo. Sin pausa, en la oscuridad, se oyen los clarines* 20
*y tambores de la rebelión, galopadas a caballo, y final-
mente la triste melodía del rabel en crescendo solemne
hasta disolverse en música sacra del órgano. Vuelve la
luz lentamente en el salón del trono, ornado con
banderas y escudos en doble perspectiva heráldica* 25
*sobre un fondo de vitral gótico.*²⁴ *Inmóviles y armo-
niosos como figuras de tapiz, Damas, Caballeros, Reyes-*

¹⁹ **por los cuatro rumbos** everywhere
²⁰ **peones de espada** sword-carrying foot-soldiers
²¹ **hidalgos de lanza** noble lancers
²² **hieles** bitterness
²³ **sobre** simultaneously with
²⁴ **ornado con . . . gótico** decorated with banners and shields in a double
line, receding toward a stained-glass Gothic window in the background

de-Armas,[25] *Soldados, Iglesia* [26] *y Pueblo. En el trono,
Inés tal como apareció en el bosque—sin el chal rojo—
cubierta de velos blancos. Ni un crespón* [27] *ni una sola
nota lúgubre. Es una muerta bella y joven, vestida de*
5 *novia. Pedro con un sencillo manto sobre los hombros.
Un paje de rodillas sostiene la corona en un cojín* [28]
de púrpura. La música va esfumándose [29] *sin llegar a
perderse. El Maestre lee la proclama.)*

MAESTRE. Pueblo y Señores nuestros: Terminada la guerra
10 entre hermanos . . . castigados los culpables del crimen,
y llamado a su eterno descanso nuestro gran Rey Alfonso que Santa Gloria haya [30] . . . alzamos y procla-
mamos por Señor de estos reinos a su hijo Pedro
Primero, al que juramos servir y obedecer como fieles
15 vasallos. *(Deja de leer.)* ¡Que Dios bendiga sobre su
cabeza la herencia de siete reyes! [31]

(Monseñor toma la corona y la presenta a Pedro.)

PEDRO. No soy yo quien tiene derecho a esta corona. Otras
sienes más dignas la tendrán más allá de la muerte.
20 Que esta mujer, que hemos matado entre todos, nos
dé a todos una vida nueva. Que su imagen de amor
nos devuelva a todos el amor . . . y la paz. *(Todos se
arrodillan mientras Pedro ciñe la corona a Inés.)* ¡Dios
te salve, doña Inés, reina de Portugal! *(Rodilla en*
25 *tierra le besa la mano. Campanas de gloria.)*

TELÓN

---

25 **Reyes-de-Armas** kings-at-arms (*heraldic figures*)
26 **Iglesia** the clergy
27 **crespón** funeral decoration
28 **cojín** cushion
29 **esfumándose** fading
30 **que Santa Gloria haya** may God keep him
31 **siete** *Pedro I was the eighth king of Portugal.*

ACTO PRIMERO   Cuadro Primero, páginas 11-22

A. *Preguntas:* Conteste con una frase completa.
1. ¿En qué ciudad empieza la acción de esta obra? 2. ¿Qué río corre junto al Alcázar? 3. ¿Cuáles son los colores del tapiz gótico que adorna la sala del Alcázar? 4. Qué dos banderas serán izadas juntas durante las fiestas de la boda? 5. ¿Quiénes son los novios? 6. ¿Qué hombre se ha atrevido a faltarle el respeto a la Infanta? 7. ¿Por qué llaman a Constanza 'la novia de la paz'? 8. ¿Cuántos heraldos buscan al príncipe Pedro cuando Constanza pregunta por él? 9. ¿Quién es el mejor jinete de Portugal? 10. ¿Quién salió victorioso en la batalla del Salado? 11. ¿Qué dice Constanza que hará antes que salga el sol si no se le ha desagraviado a ella? 12. ¿Qué orden le da el rey al maestre? 13. ¿Qué antepasados de Constanza eran poetas? 14. ¿Qué antepasado del rey Alfonso IV escribía canciones de amor? 15. ¿Cómo dice Pacheco que es la Infanta castellana? 16. ¿Cómo dice Alvargonzález que es el príncipe Pedro? 17. ¿Quién había sido desterrada de la corte portuguesa por órden del rey?

B. *Temas orales:* Prepare un breve tema oral sobre cada uno de los siguientes tópicos:
1. El Alcázar de Coímbra. 2. El recibimiento que se le hace a Constanza en Portugal. 3. La dignidad personal de la Infanta y la ausencia de su prometido cuando ella llega. 4. La promesa del rey a la novia recién llegada.

C. *Tema escrito:* Haga un resumen de lo que Constanza esperaba encontrar en Coímbra y lo que verdaderamente encontró allí.

CUADRO SEGUNDO, páginas 24-35

A. *Preguntas:* Conteste con una frase completa.
1. ¿Cuál es en este cuadro el lugar de la acción? 2. ¿Qué halcones prefiere el príncipe Pedro? 3. ¿Cuáles son las cuatro señales del halcón de raza? 4. ¿Cuáles dice Pedro que son sus mejores amigos? 5. ¿Qué campanas oye Amaranta? 6. ¿De qué color es el agua del Mondego? 7. ¿Qué dice Pedro de todo lo que ocurra hoy fuera del Pazo de Santa Clara? 8. ¿Qué es lo que Pedro tiene ahora en frente para luchar? 9. ¿Con qué fuerza va a luchar él contra todos? 10. ¿Cuántos años hace ya que Pedro e Inés son amigos? 11. ¿A qué llaman los portugueses "saudade"? 12. ¿Qué es "lejos" para una mujer como Inés? 13. ¿Qué siente Inés cuando Pedro acaba de besarla? 14. ¿Qué quiere Pedro para Inés y qué para él? 15. ¿De qué tiene nombre España y de qué Portugal? 16. ¿Cuáles son para Pedro las cien palabras más hermosas del mundo?

B. *Temas orales:* Prepare un breve tema oral sobre cada uno de los siguientes tópicos:
1. La misión del maestre cuando va a donde están Pedro e Inés, por orden del rey. 2. La gratitud que Inés siente por Pedro y por qué es así. 3. Lo que Pedro pide a su hijo Juan. 4. Lo que, según explica Inés, tiene Constanza para luchar contra ella.

C. *Tema escrito:* Una descripción del ambiente familiar en el hogar de Pedro, Inés, sus hijos y Amaranta.

CUADRO TERCERO, páginas 37-50

A. *Preguntas:* Conteste con una frase completa.
1. ¿Cómo le dice el rey al príncipe que quiere entenderse con él? 2. ¿Qué le reprocha el rey a Pedro? 3. ¿Qué piensa

Pedro de las personas que rodean a su padre y de las que lo rodean a él? 4. ¿Qué dice el rey de la sangre que lleva Inés? 5. ¿Qué opina el rey acerca del matrimonio de un príncipe? 6. ¿Qué le ha dado Inés a Pedro, según le dice el príncipe a su padre? 7. ¿Cómo piensa el rey que se gobierna y qué le contesta Pedro? 8. ¿Cuáles son los planes del rey con respecto a Inés? 9. ¿Qué dice Pedro de lo que piden las mujeres "por un poco de amor" y por "todo el amor"? 10. ¿Cómo explica el príncipe que le tiene atado Inés? 11. ¿Cuál es la única palabra que tiene Pedro para replicar a todas las preguntas de su padre? 12. ¿Qué sucederá, según la orden del rey, a todo hombre o mujer que se oponga a la boda de Pedro y Constanza? 13. ¿Cuál es la única fuerza que puede impedir que Pedro falte a una cita de mujer? 14. ¿Qué dice Pedro de una familia que, como la suya, ha tenido tantos santos? 15. ¿De qué región de España es Inés y qué relación tiene esa región con Portugal, según explica Pedro? 16. ¿Cómo emplea Inés las horas del día? 17. ¿Por qué no quiere Constanza ver las hermosas esmeraldas del collar que se arranca y tira al suelo?

B. *Temas orales:* Prepare un breve tema oral sobre cada uno de los siguientes tópicos:
1. El sueño del niño y del león que tuvo el rey. 2. Lo que el rey pide a Dios desde que tuvo ese sueño.

C. *Tema escrito:* Una explicación de lo que Pedro piensa acerca de su padre, acerca de Constanza, y acerca de Inés.

ACTO SEGUNDO   páginas 53-84

A. *Preguntas:* Conteste con una frase completa.
1. ¿Cómo aparece Pedro vestido ahora? 2. ¿Qué dice Pedro de las mujeres, los caballos y los ríos? 3. ¿Qué colores cree el príncipe que entonan peor con el verde? 4. ¿Cuáles son, según Pedro, las únicas tres 'fechas inolvidables' que hay entre Inés y él? 5. ¿Cuál fue el día más hermoso en la vida de ellos

dos? 6. ¿Qué canción encontraron empezada Pedro e Inés
y de qué trata esa canción? 7. ¿Cómo dice la Infanta que la
llaman sus damas y cómo la saludan? 8. ¿Qué dice la Infanta
acerca del Pazo de Santa Clara? 9. ¿Qué es lo que importa en
amor, según dice Inés? 10. ¿A qué ha venido la Infanta
donde Inés? 11. ¿Qué piensa Inés del consejo que le da la
Infanta? 12. ¿Por qué no le dan miedo a Inés las amenazas
de Constanza? 13. ¿Qué dice la Infanta de su compromiso
con Pedro? 14. ¿Por qué cree Inés que es más fuerte y que
estará más alta que Constanza? 15. ¿Cómo dice la Infanta
que es su tierra de Peñafiel? 16. ¿Qué viene el rey a pedirle
a Inés? 17. ¿En qué consiste la fuerza de Inés, según se la
explica ella al rey? 18. ¿Por qué le da miedo al rey quedarse
a solas con su nieto? 19. ¿Quiénes son, y qué hacen, los
amigos de Juan? 20. ¿Por qué dice Juan que no le gustaría
conocer a su abuelo? 21. ¿Cuándo se parece Juan a su padre
y cuándo a su abuelo, según le dice Inés? 22. ¿Qué le confiesa
el rey a Pedro después de hablar con Juan? 23. ¿Qué dice el
rey que hizo cuando su propio padre intentó sentar en el trono
de Portugal a uno de sus bastardos? 24. ¿Por qué dice Pedro
que sus hijos con Inés no son bastardos? 25. ¿Qué insinúa el
rey que hará antes que reconocer el matrimonio de Pedro e
Inés?

B. *Temas orales:* Prepare un breve tema oral sobre cada uno
de los siguientes tópicos:

1. Cómo se emociona el cazador de raza. 2. La 'catástrofe'
que sufre Amaranta cuando cree que Juan no la quiere.
3. Cómo, según explica Inés, conoce una mujer al 'hombre de
su destino.'

C. *Tema escrito:* Apunte los rasgos principales del carácter de
(a) Inés (b) la Infanta (c) el Rey y (d) Pedro, según los ha
conocido usted hasta aquí.

ACTO TERCERO Cuadro Primero, páginas 87-96

A. *Preguntas:* Conteste con una frase completa.

1. ¿Qué dice Coello que se está tramando bajo la capa de los amores de Pedro e Inés? 2. ¿Cómo dice que aparecieron pintadas las puertas de los palacios? 3. ¿Qué dice Alvargonzález que han hecho los campesinos portugueses? 4. ¿De qué están llenas las tabernas de Coímbra y cómo se llama en ellas a Inés de Castro? 5. ¿Dónde piensan hasta algunos portugueses mismos que está ya el trono de Portugal? 6. ¿En qué han convertido entre todos a Inés, según advierte Pacheco? 7. ¿Cree Pacheco que Inés es culpable o que es inocente? 8. ¿Qué representa para Pacheco la Infanta y qué representa Inés? 9. ¿Qué dice el maestre que ha ordenado la Infanta a su séquito? 10. ¿Qué le dice el rey a Pedro que le sucederá un día a Portugal si no se hace fuerte frente a Castilla? 11. ¿Cuál puede ser la única garantía de paz? 12. ¿Qué responde a eso don Pedro? 13. ¿Cuáles son, según Pedro, las tres imágenes diferentes de Portugal? 14. ¿Qué acta le presenta Coello a Pedro para que él la firme? 15. ¿Cómo responde Pedro? 16. ¿Qué dice el rey que debe hacerse cuando un nudo no se puede desatar, y qué quiere decir con su advertencia? 17. ¿Qué previene Pedro al rey que hará el día que el rey se atreva con Inés? 18. ¿A dónde manda el rey que lleven a Pedro y en qué condiciones? 19. ¿Qué dice Pedro, para que no lo olviden, antes de partir? 20. ¿Qué dice el rey que serán él y sus consejeros al día siguiente de matar a Inés? 21. Cuál, según Pacheco, es el trabajo del rey? 22. ¿A dónde se dirigen Pacheco, Coello y Alvargonzález por orden del rey?

B. *Temas orales:* Prepare un breve tema oral sobre cada uno de los siguientes tópicos:

1. Lo que recuerda Pacheco de la tarde que llegó con sed al patio de Santa Clara. 2. Lo que, según le dice Pedro a su padre, piensa éste cuando oye mencionar a Portugal.

C. *Tema escrito:* Haga una composición corta sobre lo que sentían con respecto a Inés los siguientes personajes: 1. El rey 2. La Infanta 3. Pedro 4. Pacheco.

CUADRO SEGUNDO, páginas 98-107

A. *Preguntas:* Conteste con una frase completa.
1. ¿Qué hacen Inés y Amaranta cuando empieza este cuadro? 2. ¿Cómo se llaman los tres hijos de Pedro e Inés? 3. ¿Qué edad tiene ahora Inés? 4. ¿Cómo comienza la canción que canta Inés? 5. ¿Cómo dice Amaranta que son los hombres que rodean la casa? 6. ¿Qué informa el rey que ha hecho su Consejo con respecto a Inés? 7. ¿Qué dos soluciones ofrece el rey a Inés para que ella misma escoja? 8. ¿Cuál de ellas prefiere Inés? 9. ¿Qué súplica hace el rey a Inés? 10. ¿A dónde llevará el rey a los hijos de Inés? 11. ¿Qué jura el rey ante Dios cuando habla a sus cortesanos ahora? 12. ¿Cómo justifica Pacheco su presencia ante Inés a la hora del sacrificio de ella? 13. ¿Cómo llaman a Inés y qué pide ella a sus asesinos?

B. *Temas orales:* Conteste con una frase completa.
1. Lo que dice Inés de su rosario favorito. 2. Lo que dice Inés acerca del río Mondego cuando lo oye por última vez.

C. *Tema escrito:* Haga una composición corta sobre los últimos momentos de la vida de Inés: lo que ella les dice a los que van a inmolarla, lo que responde Pacheco, el tema de la canción que vuelve a recordar, la acción final.

CUADRO TERCERO, páginas 109-16

A. *Preguntas:* Conteste con una frase completa.
1. ¿Dónde se encuentra ahora Pedro? 2. ¿Qué dice Pedro de la melodía que está escuchando? 3. ¿Por qué siente el príncipe remordimiento? 4. ¿Qué se propone hacer por primera vez en su vida? 5. ¿Qué es lo que, según el maestre, conocen mejor en Portugal? 6. ¿Qué caminos conoce a ciegas

el caballo de Pedro? 7. ¿De qué color es la sombra que se ve en el bosque? 8. ¿Qué haría Inés si pudiera volver a vivir? 9. ¿Por qué bendice Inés a los tres puñales que la mataron? 10. ¿Qué noticia le trae Fragoso al príncipe? 11. ¿Cuál dice Pedro a sus soldados que será la mejor cacería de su vida? 12. ¿Qué jura Fragoso por la Santa Cruz? 13. ¿Qué decide Pedro al oír lo que le dice Fragoso? 14. ¿Cuáles son las últimas palabras de Pedro cuando ciñe la corona a Inés?

B. *Temas orales:* Prepare un breve tema oral sobre cada uno de los siguientes tópicos:
1. ¿Cómo aparece Inés entre los árboles cuando Pedro está pensando volver donde ella? 2. ¿Qué se dicen la sombra de Inés y el príncipe cuando dialogan sin que él la conozca?

C. *Tema escrito:* Haga una composición corta describiendo los diez años 'felices de mujer' que vivió Inés junto a Pedro.

VOCABULARY

The vocabulary is intended to contain all the words used in the text, introduction, exercises, and notes, except the following: (1) exact cognates; (2) names of fictitious characters in the play; (3) words which occur only once and are explained in the footnotes; (4) words in languages other than Spanish which are translated in the footnotes; (5) adverbs in -*mente* when the adjective is given; (6) personal and irregular forms of most verbs, except for a few of the less common past participles.

Gender is indicated for all nouns except masculine nouns ending in -*o* and feminine nouns ending in -*a, -ción, -dad, -ia, -tad, -tud,* and -*umbre*.

The following abbreviations are used:

adj.	adjective	*m.*	masculine
adv.	adverb	*n.*	noun
art.	article	*neut.*	neuter
c.	about (in dates)	*pl.*	plural
comp.	comparative	*p.p.*	past participle
d.	died	*pr.*	pronoun
exclam.	exclamation	*prep.*	preposition
f.	feminine	*pret.*	preterite
impers.	impersonal	*r.*	reigned
inf.	infinitive	*refl.*	reflexive
interj.	interjection		

a   to, at, for, on toward, until
abajo   below, downwards, downstairs
abandonar   to abandon, to leave
abierto *p.p.*   of **abrir**

abrazar   to embrace
abrir   to open
absoluto   complete, absolute
absurdo   absurd
abuela   grandmother

abuelo grandfather
abuelos grandparents, forefathers
acá here, around here; **de por —** from around here
acabar to finish; **— de** to have just; **— convirtiendo** to end by changing
acaso perhaps, by chance
acariciar to caress
accidente *m.* accident
acción action, plot
aceite *m.* oil
aceptar to accept
acerca de about, concerning
acercarse to approach, to go near
acobardado cowardly
acobardarse to grow cowardly, to act in cowardly fashion
acompañar to accompany
acorde *m.* harmony, agreement
acostarse (ue) to go to bed, to retire
acostumbrado accustomed
acostumbrar to accustom; **— a** to have the custom of; **— se a** to get used to
acta decree
acto act, deed
acudir to go, to come, to consult
acuerdo agreement; **de —** agreed
acusar to accuse, to betray, to reveal
adelantarse a to get ahead of
adelante forward, ahead; *exclam.* Come in!
ademán *m.* gesture, bearing, manner, sign; **en — de** as if about to
además besides

adentro within
adiós good-by
adivinar to guess
admirable noteworthy, surprising
admitir to allow, to accept, to admit
adónde where, to which
adornar to adorn, to decorate
adquirir to acquire
advertencia warning
advertir (ie) to warn
aferrado stuck, fastened
aferrar to seize, to grasp; **— se a** to persist in
aficionado a fond of
afortunadamente fortunately
africano African
agitado nervous
agitar to wave
agradecer to thank, to be grateful for
agrandar to augment, to make larger
agua water
aguja needle
ahí there; **por —** there, around there
ahogar to choke, to strangle
ahora now; **— mismo** right now; **desde —** from now on; **hasta —** up to now, this far
ahorrar to spare a person something, to save
aire *m.* air; **— libre** open air
aislamiento isolation, seclusion
ajustar to adjust
al = a + el; al + *infinitive* on + *pres. part.*
ala wing
alabastro alabaster
Alburquerque *town on the Portuguese-Spanish border*

alcanzar to catch, to overtake;
— **a** + infinitive to be able
to, to succeed in
alcázar *m.* fortress, castle
alcoba bedroom
alegre gay, joyful
alegría gaiety, happiness
alejarse (de) to go away (from)
Alemania Germany
alfombra carpet, rug
Alfonso IV *Seventh king of Por-*
tugal (r. 1325-57). He was the
son of the great King Dionis
and Queen Isabel, known as
'Santa Isabel' and 'La Reina
Santa.'
Alfonso X El Sabio *(r. 1252-84)*
Spain's great educator-king,
author of many books, in-
cluding the 420 poems to the
Virgin in the 'Cantigas.'
Alfonso XI *(r. 1312-50) king of*
Castile
Alfonso XII *(r. 1874-85) king*
of Spain. His first wife,
María de las Mercedes, was
much beloved, and her death
four months after their mar-
riage caused great sorrow.
Algarve *most southerly prov-*
ince of Portugal
algo anything, something
alguien anybody, somebody,
someone
algún some; *see* **alguno**
alguno any, some; *pl.* some, a
few
alhelí *m.* gilly-flower
aliento breath
alma soul; **con toda el —** with
all my heart, gladly; **por
tu —** for heaven's sake
almohada pillow

alteza highness
alto high, high-placed, exalted;
loud; raised up; important
alto *m.* halt, stop; *exclam.*
Halt!
altura height
alucinación hallucination
alzamiento uprising, rebellion
alzar to raise
allá there, over there; **más —
de** beyond; **— arriba** up
there
amanecer to dawn, to be found
at dawn, to appear at dawn;
m. dawn, daybreak
amante *m. or f.* lover, mistress
amar to love
amargo bitter
amarillo yellow
ambición ambition
ambicioso ambitious
ambiente *m.* atmosphere
amenaza threat, menace
amiga *or* **amigo** friend
amor *m.* love
amplio broad, ample, spacious,
big
anacronismo anachronism
Andalucía *region in the south*
of Spain
andar to go, to walk; **mi gente
me anda buscando** my peo-
ple are looking for me
andas *f. pl.* litter, stretcher,
shafts *(on which a coffin is*
carried)
angustia anguish, suffering
ánimo courage
anoche last night
anotar to note, to notice
ante before, in front of, in the
opinion of
anteayer day before yesterday

antecámara antechamber

antepasado ancestor

antes before, first, sooner, rather; — de (que) before, rather than; cuanto — as soon as possible; cuanto — mejor the sooner the better

antiguo ancient

antología anthology

antorcha torch

anudado knotted

anulación annulment

anular to annul

añadir to add

aparecer to appear

aparición apparition, ghost

apartar to separate, to keep away; — se to move away

apasionante exciting

apasionar to excite

apenas scarcely, hardly; no ... — scarcely

aplauso applause

aplicar to apply

apóstol *m.* apostle

apoyarse to lean

aprender to learn

apresurarse to hurry

apuntar to note, to write down

apretar (ie) to press, to squeeze, to clench (*the hands*)

aquel, aquella, —os, —as *adj.* that, those

aquél, aquélla, —os, —as *pr.* that one, the former, those

aquello *neut. pr.* that

aquí here; — mismo right here

Aragón *ancient kingdom in northeast part of the Iberian peninsula*

árbol *m.* tree

Arcos *town in the province of Cadiz*

arder to burn

arma weapon

armar to arm

armonioso harmonious

arqueta chest, coffer

arrancar to snatch, to pull off, to tear loose, to seize, to drag forth

arrastrar to drag

arrebato attack, fit; ecstasy, fit of passion

arreglar to arrange, to fix, to settle; —se to prepare oneself, to fix oneself up

arrepentirse (ie) to repent, to regret

arriba above

arriesgar to risk

arrodillado kneeling, on one's knees

arrodillarse to kneel

arrogancia arrogance

arrogante arrogant

artista *m.* artist

artístico artistic

asesino assassin

así thus, so, in this way

asomarse to look out, to look out over, to look in

asombrar to surprise, to startle, to amaze

asombro amazement, surprise

asombroso startling, suprising, frightening

atacar to attack

aspirar to aspire

asustar to frighten

atado tied up

ataúd *m.* coffin

atención attention; — con take care of

atender (ie) to attend to, to serve

atestado full, jammed
Atlántico Atlantic
atormentar to torment
atrás backward, behind; **hacia — backward**
atraer to attract, to pull toward one
atreverse to dare, to make bold; **— se con** to take liberties with, to be disrespectful toward
aun even
aún still, yet
aunque although, even if
ausencia absence
ausente absent(ly), distracted
austero severe
autor *m.* author
autoridad authority
auxilio aid, help
avanzar to advance, to step forward
¡ave! hail!
aventura adventure
avergonzado ashamed
Aviñón Avignon, *a city in southern France, where the Popes lived from 1309 to 1376*
ayer yesterday, a little while ago
ayudar to help
ayuntamiento municipal government
azahar *m.* orange or lemon blossom
azotea flat roof
azul blue

bailar to dance
bajar to come or go down, to lower

bajo *prep.* under, below; *adj.* low
balanza scale
bandera flag, banner
ballesta cross-bow
banquete *m.* banquet
bañar to bathe; **—se** to take a bath
baño bath
barba beard
bárbaro barbarous, dreadful
barca, barco boat, ship
barranca ravine, chasm
barrancal *m.* precipice, ravine
barro clay
barroco baroque
bastante sufficient, enough
bastar to be enough, to suffice
bastardía illegitimacy
bastardo illegitimate
batalla battle
Beatriz *daughter of Pedro and Inés; she married Sancho de Alburquerque, a son of Alfonso XI of Castile*
beber to drink
belleza beauty
bello beautiful
bendecir to bless
bendito blessed
besar to kiss
beso kiss
bien well, good; *m.* good thing, possession; **mi —** my beloved
bizantino Byzantine
blanco white
blando soft
boca mouth
boda wedding, marriage
borbotón *m.* gush, spurt
bordar to embroider
borracho drunkard

borrar   to write off, to undo
bosque *m.*   forest
Braganza   *city in northern Portugal, capital of the province Tras-os-Montes*
brazo   arm
breve   brief, short
brial *m.*   skirt, gown
bronce *m.*   brass, bronze
brusco   violent
bueno   good
buril *m.*   chisel
buscar   to look (for), to seek

cabalgar   to ride on horseback
caballero   gentleman, knight
caballo   horse; **a —**   on horseback
cabello   hair
cabeza   head; **de —** head first
cacería   hunt, hunting, hunting expedition; game, object of a hunt
cada   each, every; **— cual**   each one, every one
caer   to fall; to set *(the sun)*; **— en**   to be a victim to
caída   fall
calentar (ie)   to warm
caliente   warm, hot
calma   calm
calor *m.*   warmth, heat
callar   to be silent
calle *f.*   street
cambiar   to change, to exchange
cambio   change; **en —** on the other hand
camino   road, highway, way; **— de**   on the way to
camisa   shirt

Camoens, Luis de (*1524?–80*)   *greatest poet of Portugal, author of the epic 'Os Lusiadas'*
campana   bell
campesino   peasant, country person
campo   country, field; **de —**   in the country, countrified; **en pleno —**   in the open country
canción   song; **— de amigo**   *kind of popular medieval Portuguese love song, often a dialogue, characterized by repetition of ideas, a refrain, and a linking of rhyme from one stanza to another. The name comes from the frequent use of 'amigo' (meaning 'lover').*
cancionero   collection of songs
cansancio   weariness
cansarse   to tire, to grow weary
cantar   to sing; *m.* song
cantiga   *kind of poem, usually set to music*
capa   cape, cloak, disguise
capaz   capable, able
capitán *m.*   captain
capítulo   chapter
capricho   whim
capuchón *m.*   hood
cara   face
carácter *m.*   character
cárdeno   livid
carga   load
cargarse de   to become loaded with, to load oneself with
caricia   caress
cariño   affection
carmín   red, carmine
carnal   sensual

carne *f.* flesh
caro dear, beloved
carta letter
casa house
casamiento marriage
casar to marry; —**se con** to get married to
casco hoof
casi almost
caso case, situation
castaño chestnut tree *or* grove of chestnuts
castellano Castilian, of Castile
castigar to punish
castigo punishment
Castilla *ancient kingdom in the central part of the Iberian peninsula*
castillo castle
catástrofe *f.* catastrophe
caza hunt, hunting, thing hunted
cazador *m.* hunter; — **furtivo** poacher
celebrar to applaud, to celebrate
celos *m. pl.* jealousy
celosía grating, lattice
centella flash
ceñir (i) to tighten (*belt, etc.*), to buckle on; — **la corona** to crown; —**se a** to limit oneself to
cerca near, close; — **de** near to
cereza cherry
cerrar (ie) to close
certeza certitude, surety, sureness
ciego blind; **a ciegas** blindfolded, in the dark, without looking
cielo heaven, sky
cien(to) one hundred
cierto certain, a kind of; true, correct; *pl.* some, several

cinto belt
cintura waist
círculo circle
cita engagement
ciudad city
clarín *m.* trumpet
claro clear(ly), obvious(ly); — **que no** of course not
claro *m.* opening; — **de luna** moonlight; — **de bosque** forest glade
clase *f.* kind, type; **toda** — every kind
clásico classic
cobarde cowardly
cobarde *m.* coward
cobardía cowardice, cowardly deed
cofre *m.* chest
cofrecito little chest
Coímbra *old Portuguese city on the Mondego river*
cola tail
cólera anger, rage
collar *m.* necklace
comedia play
comentar to comment upon, to discuss
comenzar (ie) to begin, to commence, to start
comer to eat
como as, like, since, just as, because
¿cómo? how? in what way? **¿Cómo es?** What is it like?
cómodo comfortable
compañero companion
compañía company
compasivo pitying, tenderhearted
completo complete, whole
complicado complicated, complex

cómplice *m.*   conspirator, accomplice

composición   composition

Compostela   *city in northwest Spain, usually called Santiago de Compostela, long a pilgrimage spot because it contains the tomb of St. James the Apostle*

comprender   to understand

compromiso   engagement

con   with

concertar (ie)   to arrange

conde *m.*   count

condenar   to condemn

condenado   convicted person

condición   condition

conducir   to lead

confesar (ie)   to confess

confianza   confidence; **demasiada —**   presumptuous

confiar   to entrust, to trust

confidencia   confidence

confundir   to confuse

confuso   confused, embarrassed

conmigo   with me

conmovedor   moving, affecting

conmovido   moved, affected

conocer   to know, to meet

conque   so that, so then

conquistar   to conquer

consecuencia   cost, result

conseguir (i)   to achieve, to get, to obtain; **solo conseguiría intranquilizarme más**   I would only get more nervous

consejero   adviser, member of a council

consejo   piece of advice; council

conservar   to keep, to preserve

considerar   to consider, to think, to believe

consigo   with him, her, *etc.;* — **misma**   with herself

Constanza   *daughter of Don Juan Manuel and his wife Isabel, she was on her father's side descended from the royal family of Castile, and, on her mother's, from that of Aragón. Married to Pedro I of Portugal in 1340, she died in childbirth five years later.*

construir   to build

consultar   to consult

contar (ue)   to count, to relate, to tell

contemplar   to contemplate, to look at

contento   happy

contestación   answer

contestar   to answer

contigo   with you

contra   toward, against, facing

contrario   opposite; **al —**   on the contrary

convenido   agreed

convento   convent

conversación   conversation

convertir (ie)   to change; **—se en**   to change into

copla   verse

coquetería   flirtatiousness

coraje *m.*   courage

corazón *m.*   heart

cordel *m.*   cord

coro   chorus; **a —**   in unison

corona   crown

coronar   to crown

correr   to run; to circulate (*news*); **— de boca en boca**   to be on every tongue

cortar   to cut, to cut off

corte *f.*   court; *pl.* parliament

cortejo   procession, retinue

cortesano courtier
corto short
corza deer
cosa thing, matter; **otra —** something else
cosecha harvest
costar (ue) to cost; **cueste lo que cueste** no matter what the cost
costumbre *f.* custom, habit; **como de —** as usual
costumbrista *pertaining to the literary style 'costumbrismo', which emphasizes local color and mores*
crecer to grow
creer to believe, to think
criar to bring up
crimen *m.* crime
crispar to irritate, to annoy
cristal *m.* glass
Cristiandad Christendom
Cristo Christ
crónica chronicle, history
cronista *m.* writer of chronicles
crueldad cruelty
cruz *f.* cross
cruzar to cross; to pass before someone; **—una puerta** to go through a door; **cruzarle la cara a alguien** to cut a person's face
cuadro scene
cual like; **el —** which, who, whom, that
¿cuál? which? what?
cualquier(a) some, any, anyone, whatever
cuando when; **hasta —** how long
cuanto as much (as); *pl.* as many (as); **— antes** as soon as possible; **— antes mejor** the sooner the better; **— más...**

menos the more ... the less; **en —** as soon as
¿cuánto? how much?; *pl.* how many
cuarenta forty
cuartel *m.* quarter, mercy
cuarto room
cuatro four
cubierto *p.p.* of **cubrir** covered
cuchillo knife; **a —** with a knife
cuello neck
cuenta count, account
cuento short story, tale
cuerno horn
cuerpo body
cuestión question
cuidado care, caution; *exclam.* be careful!
cuidarse de to take care to
cuitado unhappy
culpa fault, blame; **¿De quién será la culpa?** Whose fault will it be?
culpable at fault, guilty
cumplir to fulfill, to comply; to complete
cuna cradle, childhood home; **canción de —** lullaby
curar to cure
curiosidad curiosity
curioso curious, strange

chal *m.* shawl, scarf
chisst shh!
chocar to collide
choza hut, hovel

daga dagger
dama lady; **— de honor** lady-in-waiting
daño harm; **hacer —** to mutilate, to harm

dar to give; — **de beber** to give
a drink; — **de comer** to
feed; — **un paso** to take a
step; — **el alto** to order a
halt; — **miedo** to frighten;
—**se cuenta de** to realize;
— **voces** to shout; **vergüenza**
me da it makes me ashamed
dátil *m.* date palm
de of, about, from, with, dressed
as
deber to owe, must, ought,
should. *Conveys idea of ob-*
ligation.
deber *m.* duty, obligation, debt
débil weak
debilidad weakness
decidir to decide
decir to say, to tell
declarar to declare, to say; —**se**
en abierta rebeldía to proclaim out-and-out revolt
decoración decoration
dedicar to dedicate
dedo finger
defender (ie) to defend
defensa defense
definitivamente definitely, ab-
solutely
defraudar to cheat
dejar to allow, to leave, to per-
mit; to give up; — **caer** to
drop; — **de** to cease
dejo trace, remnant
del = **de** + **el**
delante ahead, in front; — **de**
in front of, before, in the
presence of; **por** — first
delito crime
demás; lo — the rest; **los** — the
others
demasiado too, too much, too
well; *pl.* too many

demonio devil
demostrar (ue) to show
denme **den** + **me**
dentellada bite
dentro inside, within; — **de** inside of
depender (de) to depend (on)
derecho right; **la** —**a** the right
hand
desafiar to defy
desafío challenge
desagraviar to make amends
desastroso disastrous
desatar to untie
descalzo barefoot
descansar to rest
descanso rest
desconcertado disconcerted
desconocido unknown, strange;
m. stranger
descripción description
descubrir to discover
desde from, since, beginning
with; — **dentro** inwardly; —
niño since childhood; — **que**
since
desdichadamente unhappily
desear to desire, to wish
desesperación desperation
desesperado desperate
desgarrado broken, heart-rend-
ing
desgarradura tearing open,
gash, rent
desgracia misfortune
deshacer to undo, to unmake,
to take apart
deslumbrado dazzled
desnudar to bare, to uncover;
—**se** to undress
desnudo naked, bare
despachar to send
despacio slow(ly)

despedida farewell

despedir (i) to send away; —se de to take leave of

despertar (ie) to wake, to awaken, to arouse, to excite; —se to wake up

despreciar to scorn

después afterward, later; — de after

desterrar (ie) to banish, to exile

destierro banishment, exile

destinado destined

destino destiny, fate

destrozar to destroy, to ruin

destruir to destroy

desvarío madness, extravagant action, raving

detalle *m.* detail

detener to detain, to hold back; —se to stop

determinar to determine, to motivate

detrás behind

devolver (ue) to return

día *m.* day; al — siguiente the next day; — por — day after day; quince —s two weeks

diablo devil;   ¿Qué diablos? What the devil?

dialogar to talk, to have a dialogue

diálogo dialogue

dictar to dictate

dichos the same (*people as previously on stage*)

dichoso blessed, happy, lucky

diez ten

difícil difficult

difunto deceased, dead

dignidad dignity

digno appropriate, dignified, honorable, worthy

dila di + la

dime di + me

Dionís *king of Portugal (r. 1279-1325), grandson of Alfonso X of Castile, like him an educator and poet; grandfather of Pedro, the hero of the play*

Dionís *son of Pedro I of Portugal. After an adventuresome life, he died in obscurity in Spain*

Dios God

dirección direction

dirigir to direct; — la palabra a alguien to speak to someone; —se a to head toward, to start for

disculpa excuse

disculpar to excuse

discutir to argue, to discuss

dísela di + se + la

disgusto trouble, unpleasant event

disolver (ue) to dissolve

disponerse to prepare; —se a to get ready to

dispuesto disposed, willing

disputarse to vie for, to quarrel over

distinguir to distinguish, to tell apart

distinto different

divertir (ie) to amuse; —se to have a good time

dividido divided

doblar to bend, to bow, to double

doble double

doce twelve

documento document

doler (ue) to hurt, to grieve

dolor *m.* sorrow, pain

dolorido grief-stricken

domar to tame
doméstico domestic, of the home
dominar to conceal, to control, to subdue
doncella maiden, young girl
donde where; **por —** through which; **en —** place where
doña *title used before given name of woman*
dormido asleep
dormir to sleep; **—se** to fall asleep
dormitorio bedroom
dos two
doscientos two hundred
dote *m.* & *f.* dower, dowry
Douro *a river in Portugal*
dramático dramatic
dramaturgo dramatist
duda doubt
dudar (de) to doubt, to hesitate, to have no faith in
duelo pity; **sin —** unsparing, without stopping
dulce sweet, gentle
duquesa duchess
durante during
durar to last
duro hard, harsh

echar to throw; **— a suertes** to draw lots
edad age; **¿Qué — tiene . . . ?** How old is . . . ?
ejército army
el, los *m. art.* the; **— de** the one of, that of; those of; **— que** *or* **cual(es)** which, that which, who, he who; those which, those who

él *pr.* he, him, it
elegir (i) to choose
elemento element
elevado raised
ella *pr.* she, her, it; **de —** her, hers, of hers
ello *pr.* it
ellos, —as *pr.* they, them; **de —** their, of theirs, of them
embargo; sin — nevertheless
emblema *m.* emblem
emboscada ambush
emisario agent, messenger
emoción emotion
emocionarse to feel, to be moved, to be excited
empedernido incorrigible
empeñarse en to insist upon
empezar (ie) to begin, to start
emplear to employ
emprender to begin, to undertake
empujar to push
emular to imitate
en in, on, at, during
enamorado (de) in love (with); *n.* beloved
enamorarse (de) to fall in love (with)
encaminarse a to start toward
encantar to delight
encanto charm
encargarse (de) to undertake
encender (ie) to light
encerrar (ie) to shut up, to shut in, to contain
encima above; **por — de** above, over
encontrar (ue) to meet, to find
encuentro meeting, encounter; **a su —** to meet him
enemigo enemy
enero January

enfrentar to face, to meet

enfrente in front, opposite

engañar to deceive; —se to be wrong

enhorabuena congratulations

enjaulado caged

enseñar to show, to teach

entender (ie) to hear, to understand; —se con to come to an understanding with

entero all, entire, perfect, sound, whole

entonces then

entraña entrails; las —s the heart

entrar to enter, to come on stage; — en razón to come to one's senses

entre among, along with, between

entregar to give; —se to surrender

entrelazado entwined, interwoven

envejecer to grow old

enviar to send

época epoch, age

escabel *m.* stool

escalofrío chill

escandalizado scandalized

escándalo scandal, commotion

escarnio mockery

escena stage, scene; en — on stage

esclavitud slavery

esclavo slave

escolta guard, escort, group of soldiers

esconder to hide, to conceal

escribir to write

escuchar to listen

escudero squire, knight

escudo shield, escutcheon

escuela school

ese, -a, -os, -as that, those

ése, -a, -os, -as *pr.* that (one), those

esfuerzo effort

esmeralda emerald

eso *neut. pr.* that; por — for that reason, hence

espada sword

espalda back; de —s a with back to

espantar to frighten

España Spain

español Spanish

espectáculo spectacle

espejo mirror

esperanza hope

esperar to await, to expect, to hope, to wait

espeso thick, dense

espía *m.* spy

espiar to spy upon

espléndido splendid

esposa wife

espuela spur

esquivar to avoid, to shun

estado state

estallar to burst, to explode

estar to be, to stand, to stay; las estoy viendo I can almost see them now; ¿Lo estás oyendo? Do you hear that?

este, -a, -os, -as this, these

éste, -a, -os, -as *pr.* this (one), these, the latter

esto *neut. pr.* this

estrechar to embrace

estrecho narrow, confining

estrella star; las Siete —s the Pleiades

estrenar to perform a play for the first time

estreno first performance of a play

estruendoso noisy
estudiante *m. & f.* student
estudiar to study
estudio study, essay
estúpido stupid
eternidad eternity
eterno eternal
Eurípides (480-406 B.C.) *Greek tragedian*
evangelio *book containing the first chapters of the evangelists*
Evangelista Evangelist
evidente obvious
evitar to avoid
Évora *an old Portuguese town, east of Lisbon*
exactamente exactly
exasperado exasperated
excepción exception
exceso excess
excitado excited
exigir to demand
existir to exist
explicación explanation
explicar to explain
expresar to express
expulsar to expel
extranjero foreign, strange
extrañar to surprise
extraño strange
extraordinario extraordinary
extravío excess
extremo extreme

fábula fable
fabuloso fabled, imaginary
fácil easy
falso false
falta discourtesy, error, fault, need

faltar to be lacking, to be needed; to fail; — a to fail to observe; — a su palabra to break one's word; — a una cita to break an engagement; — el respeto to be disrespectful
familia family
familiar of the family, of the home
famoso famous
fantasía imagination, fantasy
farsa farce, comedy
fatalmente fatally
fatigado tired
favor; por — please
favorito favorite
fe *f.* faith
febril feverish
fecha date
felicidad happiness
feliz happy
femeninamente in a womanly way
Fernando III el Santo (*r. 1217-52*) *king of Castile*
feroz ferocious
Ferreira, António (*1528-69*) *Portuguese lyric and dramatic poet, author of a play 'Inés de Castro' (c. 1557)*
fidelidad fidelity, faithfulness
fiebre *f.* fever
fiel faithful
fieltro felt hat
Figueiredo, Antero de (*1867-1953*) *Portuguese novelist and scholar, author of an important novel 'D. Pedro e D. Inés' (1913)*
fiesta celebration, festival, holiday
figura figure, character in a play

figurarse to imagine
fijarse en to notice
fijo fixed, motionless
filo edge; **al — de** at about
filología philology
fin *m.* end; **al —** finally; **por —**
at last
final *m.* end
finalmente finally
fingir to pretend
firma signature
firmar to sign
firme strong, regular, firm
flaquear to weaken
flauta flute
flor *f.* flower
florido lush, luxuriant
fondo back, background; **al —**
in the background, upstage;
en el — really
forcejear to struggle
forma form
formar to form
fortuna fortune
fracasar to fail
fragmento fragment
francamente frankly
Francia France
frase *f.* sentence, phrase
frenesí *m.* madness
freno rein; **sin —** wild, uncon-
trollable
frente *f.* face, forehead, front;
de — face to face, steadily,
intently
fresco cool
frío cold
frontera border, frontier
fruta fruit
fuente *f.* source
fuera outside, beyond; **— de mí**
except for me
fuerte strong(ly)

fuerza force, power, reason,
strength; **a la —** by force,
of necessity; **a viva —** by
sheer strength
fuga flight, escape
fundar to found
fundir to fuse, to combine, to
commingle
furia anger, fury
furioso enraged
furtivo clandestine, illegal

galaico Galician *(from the province of Galicia in the northwest corner of the Iberian
peninsula)*
galán lover, suitor, young man
galante gallant, polite
galantería gallantry, flattery
galera galley, vessel with oars
Galicia *formerly a kingdom in
the northwest corner of the
Iberian peninsula, close to
Portugal*
galopada gallop, galloping
galopar to gallop
galope *m.* gallop
gallego Galician, from Galicia
gana; de mala — unwillingly
ganar to gain, to win
garantía guarantee
garganta throat
garza heron, crane
generoso generous
gente *f.* people
gesto appearance, bearing, expression, gesture
Gil, Monseñor Don *fourteenth-
century prelate, bishop of
Guarda; known to history as
D. Gil Viana*

gloria glory; **repicar a —** to ring in celebration; **repique de —** peal of glory (*part of the Mass*)

glorioso glorious

gobernar (ie) to govern, to rule

golpear to beat

gota drop, drip

gótico Gothic

gozar to enjoy

grabar to carve, to engrave

gracias thanks

gracioso amusing

grana scarlet

Granada *an old Moorish kingdom in the south of the Iberian peninsula*

gran(de) great, big, large, grand

gratitud gratitude

grave important, serious

grito cry, shout; **a —s** at the top of one's voice

Guarda *old city and bishopric in the north part of Portugal*

guardar to guard, to keep, to conceal, to maintain, to observe, to protect, to put away

guardia guard

guerra war

Guevara *see* **Vélez de Guevara**

gustar to please, to be pleasing to

haber to have (*auxiliary*); *impers.* to be, to take place; **hay que** it is necessary; **ha de ser** (it) must be

hablar to speak

hacer to do, to make, to act, to cause; to perform (*a play*); **— un papel** to play a part;

— un personaje to play a role; **— un regalo** to give a gift; **— falta** to be necessary, to be lacking; **no hace falta ya** it is no longer necessary; **hace un momento** a moment ago; **desde hace un tiempo** for some time now; **hace tiempo** a while ago; **hace quince días que dejé Portugal** I left Portugal two weeks ago; **—se** to become

hacia toward **— atrás** backward

halcón *m.* falcon; **— de altanería** high-flying hawk

hambre *f.* hunger

hasta even, as far as, up to, until; **— ahora** up to now; **— que** until; **— aquí** this far

hecho *p.p. of* **hacer** turned into, become, made

heráldico heraldic

heraldo herald

herencia heritage

herida wound

herir (ie) to wound, to hurt

hermana sister

hermano brother; *pl.* brothers, brother(s) and sister(s)

hermoso beautiful

hermosura beauty

heroína heroine

herradura horseshoe

herrero blacksmith

hidalgo gentleman, knight, nobleman; **— de lanza** lancer

hija daughter

hijo son; *pl.* sons, children

hilar to spin

hipocresía hypocrisy

historia history, story
histórico historic(al)
hogar *m.* home
hombre *m.* man; — **de armas** soldier
hombro shoulder
honor *m.* honor, deference; **a todo** — with every honor
homenaje *m.* homage, honor, tribute
honra honor
honroso creditable, honorable
hora hour, time; **a la** — **de** at the time of; — **de** time to; **¿Es** — **ya?** Is it already time?
hormiga ant
hoy today; — **mismo** this very day
hueco hollow
Huerto de la Oración Garden of Gethsemane
hueso pit, stone of a fruit, bone
huésped *m.* guest
huir to avoid, to flee
humano human
húmedo moist, wet
humilde humble
humillado humiliated
Hungría Hungary

idioma *m.* language
iglesia church
ignesiano about or pertaining to Inés de Castro
ignorante ignorant
igual equal, identical, the same; — **que** the same as; **tan** — so much the same, so similar
igualarse to be equal to
ilegal illegal
ilustre famous, distinguished

imágen *f.* image, picture, comparison
imaginación imagination
imaginar to imagine
imbécil *m.* imbecile
impaciencia impatience
impedimento impediment
impedir (i) to avoid, to prevent
imponer to impose
importante important; **poco** — unimportant
importar to be important
imposible impossible
inclinación bow
inclinado inclined
inclinarse to bend, to bow, to lean
increíble incredible
índice *m.* forefinger
indigno unworthy
infanta princess
infante *m.* prince
infiel infidel, pagan
infierno hell
infinito boundless, infinite
informar to inform
ingenio genius, wit
inicial initial
injusto unjust
inmediatamente at once
inmenso immense
inmolar to sacrifice, to immolate
inmóvil motionless
Inocencio *Innocent VI, Pope at Avignon (1352-62)*
inocente innocent
inolvidable unforgettable
inquietar to excite
insigne famous, outstanding
insignificante insignificant
insinuar to insinuate
insistir to insist
insolencia insolence

insolente insolent
inspirar to arouse, to inspire
instante *m.* instant, moment
instinto instinct
instrucción instruction
insultar to insult
insulto insult
intensamente intensely
intentar to attempt, to try
interés *m.* interest, need, purpose
interesante interesting
interesar to interest
interior inner, inside
interrogante *m.* mystery, question, question mark
interrumpir to interrupt
íntimo confidential, intimate,
private
intranquilizarse to become un-
easy, to worry
intrigado (con) interested (in)
introducir to introduce
intrusa intruder
inútil useless, unavailing
invadir to invade
inventar to invent
invierno winter
invitado guest; **— de boda**
wedding guest
invocación exhortation, invoca-
tion
ir to go; *refl.* to go away, to
leave; **va siendo** it is becoming
ira anger
ironía sarcasm, irony
irrealidad unreality
irritado irritated, annoyed
Isabel de Aragón (*1274-1336*)
*the wife of King Dinís of
Portugal, and thus grand-
mother of Pedro I. Daughter*

*of Pedro III of Aragón, she
was named for a great-aunt,
Saint Isabel of Hungary. She
was canonized in 1625 and
now is known as 'Santa Isabel
de Portugal' and 'La Reina
Santa.'*
Isabel de Hungría (*1207-31*)
*Saint Elizabeth of Hungary,
canonized in 1235*
Islandia Iceland
Italia Italy
izquierdo left; **la — da** the left
hand

jabalí *m.* wild boar
jabalina javelin, spear
jaula cage
jauría pack of dogs
Jerusalén Jerusalem
jinete *m.* horseman, rider
joven young
joya jewel
Juan *son of Pedro I of Portugal and Inés de Castro; married Costanza, a daughter of
Enrique III of Castile*
Juan *John XXII, the first Pope
in Avignon (1316-34). He is
known to have granted Al-
fonso IV special permission
to marry his son Pedro to a
close relative.*
Juan Manuel, El Infante (*1282-
1348?*) *one of Spain's earliest
prose writers, author of a
collection of fifty stories, 'El
Conde Lucanor.' Duke of
Peñafiel and Marqués of Villena, he was a grandson of
Fernando III el Santo of*

Castile and father of Costanza Manuel, the 'Infanta de Castilla' of this play.

jubón *m.* jacket, waist

judío Jewish

juego game

juez *m.* judge

jugar (ue) to gamble, to play, to risk; **— a los acertijos** to play guessing games; **— a un juego** to play a game

junto together

junto a along with, beside, near, next to

juramento oath, vow

jurar to swear; **¡jurado!** I swear

justamente exactly, precisely

justo just, fair

justicia justice

justificación justification

justificar to justify

juventud youth

juzgar to judge

la, las *f. art.* the; **— de** the one of, that of; those of; **— que** *or* **cual(es)** which, that which, she who; those which, those who

la, las *pr.* her, it, you; them

labio lip

labrador *m.* farmer, laborer

lado side

ladrido bark, barking

ladrona robber

lágrima tear

lamentar to bewail, to lament, to be sorry

lámpara lamp

lanza lance, spear

lanzar to throw

largo long

lástima compassion, pity, sympathy

latigazo blow with a whip; **a — os** with whip-blows

látigo whip

laúd *m.* lute

le, les *pr.* him, you; to *or* for him, her, it, you

leal frank, honorable, open, sincere, straightforward

lección lesson

lecho bed

leer to read

legislador *m.* lawmaker

legítimo legal, legitimate

lejano distant

lejos distant, far away, in the distance; **por — que** no matter how far

lenguaje *m.* language

lentamente slowly

lentitud slowness

leñador *m.* wood-cutter

León *ancient kingdom in northwestern Spain, between Castile and Portugal*

león *m.* lion

letanía litany, prayer

letra letter, handwriting; **al pie de la —** literally

levantar to lift, to raise, to rise; **—se** to get up, to come to one's feet; **—se en armas** to revolt

leve slight

ley *f.* law

leyenda legend

libertad liberty

librar to free, to spare

libre free; **aire —** open air

libro book

licencia permission; poetic license; ¡con —! By your leave!

licenciado holder of a university degree, the **licencia**

lienzo cloth

limonero lemon tree

ligero light, slight

limitación limit, limitation

limpio clean; — de free of

linaje *m.* lineage, ancestry

lindo beautiful

lírico lyrical, poetic

Lisboa Lisbon, *a seaport, the modern capital and most important city of Portugal*

lista list

listo alert, clever, ready

lo *neut. art.* the; — cual *or* que that which, what; de — que than

lo *m and neut. pr.* him, it

Lobato, Esteban *known to history as keeper of the wardrobe and later secretary of Pedro I of Portugal*

lobo wolf

loco mad, insane; *m.* madman

locura madness, rash deed

lograr to succeed (in)

Lopes, Fernão (*c. 1380-c.1460*) *historian who wrote chronicles of the first ten kings of Portugal*

Lopes Pacheco, Diego *see* **Pacheco, Diego Lopes**

los *m. pl. pr.* them, you

lucha struggle

luchar to fight, to struggle

luego then, next; — que as soon as

lugar *m.* place, scene; en — de instead of

lúgubre funereal

lujo luxury; de — de luxe

luna moon, moonlight

Lusiadas *see* **Camoens**

lusitano Portuguese

luz *f.* light; a distinta — in a different way

llaga wound

llamar to call, to knock, to name; — a gritos to cry out; —se to be named

llanto weeping

llanura plain

llegar to arrive, to come, to reach

lleno full

llevar to bring, to carry, to raise, to take, to wear

llorar to cry, to mourn

lluvia rain

madre *f.* mother

maduro mature

maestre de campo *kind of officer*

magisterio teaching profession

maldito accursed

maleficio curse, spell

malhechor *m.* evil-doer

mal bad(ly)

malo bad, evil, wrong

manchar to dishonor, to stain

mandar to command, to order, to send

mando command

manejar to manage, to steer

manera manner, style, way; a su — in his own way; de — que so that, in such a way

that; **de ninguna —** not at
all
manía mania, obsession, persist-
ent idea
mano *f.* hand
mantel *m.* tablecloth; **— de
fiesta** banquet cloth
manto cape
manzana apple
mañana *f.* morning; **por la —**
in the morning; *adv.* to-
morrow
mapa *m.* map
mar *m. or f.* sea; **alta —** the
high seas
maravilloso marvelous
marchar to go away, to leave
marfil *m.* ivory
marido husband
mármol *m.* marble statue
marquesa marchioness (*wife of
a* **marqués**)
martirio martyrdom, suffering
mártir *m.* martyr
marzo March
más more, most
matar to kill
materialmente in reality
matrimonio matrimony
mayor greater, greatest; larger,
largest; older, oldest
mayordomo major-domo, stew-
ard
me *pr.* me; to, for, *or* from me
medio half; **a medias** halfway;
por — concerned
medir (i) to measure
Mediterráneo Mediterranean
Mejía de la Cerda, El Licenciado
*minor Spanish dramatist of
the end of the sixteenth century and the beginning of
the seventeenth century*

mejilla cheek
mejor better, best; **— que**
rather than
melodía melody, tune
memoria memory; **de —** by
heart
mencionar to mention
mendigo beggar
Menéndez y Pelayo, Marcelino
(*1856-1912*) *Spanish scholar
and literary critic*
menor less, least
menos fewer, less; **al — at**
least; **por lo —** at least;
prep. except
mensaje *m.* message
mente *f.* mind
mentir (ie) to lie
mentira lie, falsehood
mercader *m.* merchant, peddler
mesa table
mesón *m.* inn
meter to put
mi my
mí me
miedo fear
mientras while
mil a thousand
milagro miracle
milagroso miraculous
millar *m.* thousand
minuto minute
Miño *province in northern Portugal*
mío my, mine
mirada glance, look
Mira de Amescua, Antonio (*d.
1644*) *Spanish dramatist*
mirador *m.* balcony, gallery
mirar to look (at), to consider,
to watch; **— que** to remember, to be mindful
misión duty, mission, objective

mismo same, -self; **su -a casa** her own house

misterio mystery

misterioso mysterious

mística mysticism

místico mystic

mitad half; **a — del camino** halfway

moderno modern

modo manner, way; **de — que** so that; **de ningún —** not at all; **de todos —s** anyway

molde *m.* form, mould

molido ground up

molinera miller's wife

momento moment

Mondego *a river in Portugal*

moneda coin

Monseñor *title of honor given to clerics*

montaña mountain

monte *m.* mountain, thicket, wild place; **— arriba** up the mountain

Monte-Esperanza *a mountain on the west side of the Mondego*

Montemor *a very old town near Coimbra*

montería hunting

montero hunter

Montherlant, Henri de (*1896-) French dramatist, author of a play on the Inés de Castro theme, 'La Reine Morte'*

morder (ue) to bite

morir (ue) to die

moro Moor, African

mortaja shroud

mostrar (ue) to show

motivo motif, theme, motive

mover (ue) to move

movimiento move (*in a game*), movement

moza girl

muchacho boy, youth

mucho much; *pl.* many; **por — que** no matter how much; *adv.* very

mudo mute, silent

muerta dead person, cadaver

muerte *f.* death; **a muerte** fatal; **la misma —** death itself

muerto dead

mujer *f.* woman, wife

multiplicarse to become more numerous, to multiply

mundo world

muralla wall

murmurar to gossip; to whisper

música music

muy very

nacer to be born

nacimiento birth; source (*of a stream*)

nada nothing, anything, not at all

nadador *m.* swimmer

nadie nobody, no one

naranja orange tree

naturalidad naturalness

Navarra *old Spanish kingdom to the southwest of the Pyrenees*

navegante *m.* navigator, sailor

navegar to sail

necesario necessary

necesitar to need, to have to

negar (ie) to deny

negro black

ni neither, nor, not, not even; **— siquiera** not even

nido nest
niebla fog, mist
nieta granddaughter
nieto grandson; *pl.* grandchildren
nieve *f.* snow, whiteness
ningún no, not any; *see* ninguno
ninguno no, none, not any, nobody, not anybody
niño child; desde — since childhood
no not
nobleza nobility
noche *f.* night; de — at night; esta — tonight; media — midnight; en plena — in the middle of the night; por la — at night
nombre *m.* name, fame
norte *m.* north
nos *pl. pr.* us, to *or* for us
nosotros *pl. pr.* we, us
nostalgia longing, homesickness
noticia news
novelista *m.* novelist
novia sweetheart, fiancée, bride
novio sweetheart, groom; *pl.* bride and groom
nudo knot
nuestro our
nuevo new
número number
nunca never, ever

o or, either
obedecer to obey
obediente obedient
obispo bishop
obligar to force, to oblige, to compel

obra work
obsesión obsession
ocasión occasion
octava *kind of poem having an eight-line stanza*
ocultar to cover, to hide
oculto hidden
ocurrir to happen, to occur; — con to happen to; —se a una persona to cross one's mind
ochenta eighty
odiar to hate
odio hatred
ofender to insult, to offend; —se to take offense
ofensa insult, offense
oficialmente officially
oficio job, task
ofrecer to offer
ofrenda offering
oído ear, hearing
oír to hear
ojalá *exclam.* I hope, I wish that, if only
ojo eye
oliva olive
olivar *m.* olive grove
olvidar to forget
once eleven
opinar to think, to believe
oponer to put against; —se a to be opposed to
opuesto opposite
oración prayer
orden *f.* order, command
ordenar to order, to command
órgano organ
orgullo pride
orgulloso proud
orilla bank, shore; a —s de on the shores of; a la — de on the bank of, beside

ornado decorated
oro gold
os *pl. pr.* you
oscuridad darkness
oscuro dark
otro another, different, other

paciencia patience
padre *m.* father
Pacheco, Diego Lopes (*1334-c. 85*) *Portuguese nobleman, counselor of Alfonso IV*
pagar to pay (for)
página page
país *m.* country, nation
paisaje *m.* landscape
pájaro bird
paje *m.* page
palabra word, language; **dar su —** to promise
palabrería wordiness
palacio palace; **a —** to the palace; **de —** royal, pertaining to the palace; **en —** in the palace
pálido pale, weak
palmada pat
palmero pilgrim, palmer
paloma dove
pan *m.* bread
paño cloth
papa *m.* Pope
papel *m.* role, part in a play
par *m.* pair, two
para for, to, toward, bound for, in order to; **¿Para qué?** Why?
parecer to appear, to look like, to resemble, to seem; **—se a** to resemble
pareja couple
parentesco relationship

parte *f.* part; **por otra —** on the other hand
partida game
pasar to pass, to end, to happen, to occur; **— de** to go beyond; **pase lo que pase** no matter what happens; **ya pasó** it's all over
pasear to walk up and down
pastor *m.* shepherd
paso step, way, access; **dar un —** to take a step
patrón *m.* patron saint, protector
pausa pause
paz *f.* peace
pazo country estate
pecado sin
pecador *m.* sinner
pecar to sin
pecho breast
pedagógico educational
pedazo fragment, piece
pedir (i) to ask (for)
Pedro I *eighth king of Portugal and one of its most popular monarchs, called both 'the Cruel' and 'the Just.' Born in April 1320, son of Alfonso IV el Bravo, he was married to Costanza (q.v.) in 1340, crowned in 1357, and died in 1367.*
pegar to strike
pelear to fight
peligro danger
peligroso dangerous
pena pity, shame, sorrow; **la — es** the trouble is
pensamiento thought
pensar (ie) to believe, to consider, to intend, to think; **— en** to think about

pensativo thoughtful

Peñafiel *city and surrounding lands in the province of Valladolid, given by Sancho IV of Castile to Don Juan Manuel, who made it the capital of his domain*

peor worse, worst

pequeño little, insignificant, petty, small

perder (ie) to lose, to waste; **pierde cuidado** don't worry

perdición destruction, downfall

perdón *m.* pardon, forgiveness

perdonar to forgive, to pardon

peregrino pilgrim

perfecto entire, exact, perfect

perfil *m.* profile

pergamino parchment

permitir to allow

pero but

perro dog

perseguir (i) to chase, to follow

persona person

personaje *m.* person, character (*in a play*)

perspectiva perspective

pertenecer to belong

pesadamente heavily

pesar to weigh; *m.* worry, sorrow; **a — de** in spite of

pescador *m.* fisherman

piadoso compassionate, pitying

peste *f.* plague, pestilence

pico peak, point

pie *m.* foot; **a — firme** firmly; **de —** standing

piedad pity

piedra stone

piel *f.* skin

pieza piece, part; chessman

pintado painted

pisar to tread upon

placer *m.* pleasure

planta baja ground floor

plata silver; **de —** made of silver

platillo pan, tray

plaza square, park

pleno complete, entire, full; **en plena belleza** at the height of her beauty; **en pleno campo** in the open country; **en plena noche** in the middle of the night

pliego single printed sheet

plomo lead

pluma feather

pobre poor, insignificant, miserable

poco little, not much; *pl.* few, not many; **— a —** little by little

poder (ue) to be able, to manage; **no — con** to be unable to bear; **no — más** to be at the end of one's rope; *m.* power

poderoso powerful, strong

poema *m.* poem

poesía poetry

poeta *m.* poet

poético poetic

polaco Polish

políticamente politically

polvo powder

poner to place, to put; **—se** to become; **—se a** to begin

ponlo pon + lo

por by, on, for, about, through, along, because of, on behalf of; **— si** in case

porque because

¿por qué? why?

portugués Portuguese

porvenir *m.* future

posar to stop, to come to rest
posible possible
potro colt
pozo well
precio price, bribe
precioso beautiful, of great value
precisamente exactly, precisely; just at the right moment; — **ahora** just now
preferir (ie) to prefer
pregunta question
preguntar to ask; — **por** to ask about
preparar to prepare
presagio omen, warning
presencia presence
presentación introduction
presentar to present, to introduce
presentir (ie) to foresee
preso imprisoned, captive
pretender to attempt, to try, to plan
prevenir to prepare
prever to foresee
prima cousin
primero first
príncipe *m.* prince
principio beginning
prisión prison
prisionero prisoner
privado private
probar (ue) to prove
proclama proclamation
proclamar to proclaim
procurar to try
prodigioso remarkable
producir to produce
profundo deep
prohibir to forbid
prolongar to prolong
promesa promise

prometedor promising, enticing
prometer to promise
prometido betrothed
pronto early, soon, quickly; **de —** suddenly
pronunciar to pronounce
propio own, belonging to oneself; — **de** characteristic of
proteger to protect
provocación provocation
proximidad nearness
prudencia prudence
prudente prudent
prueba proof
público public
pudor *m.* modesty
pueblo people, nation
puente *m.* bridge
puerta door, threshold
pues because, since, then, well
puesto place
puesto que since
pulsar to pluck (*strings of an instrument*)
pulso pulse
punto point; **a — de** about to
puñal *m.* dagger
puñalada stab, dagger-thrust
puño fist, hand
pupila pupil of the eye
pureza purity
puro pure
púrpura purple

que that, which, who; for, since; than, when; **a —** I'll bet
¿qué? what? how? which?; **¿a —?** for what purpose?; **¿para —?** Why?
¡qué! what, what a, how
quebrar (ie) to break

quedar to remain, to be left, to stay
queja complaint
quejarse to complain
quemar to burn
querer to desire, to love, to want, to wish; + *inf.* to try; — **decir** to mean
querido beloved
quien who, whom; he who, she who, the one who; **no hay —** there is no one who
¿quién who?
quieto quiet, still
quince fifteen
quitar to take away; — **el sueño** to keep awake
quizá perhaps

rabel *m.* rebeck (*an ancient three-stringed musical instrument*)
rabioso angry, raging
raíz *f.* root; **de —** drastically
rama branch
ramo spray of flowers
rapidez *f.* rapidity, speed
rápido rapid, hasty
rapiña pillage, robbery
raro strange, unusual
ras *m.* **a — de** on a level with
rasgo trait
rastro track, scent
raza race; **de —** of good stock, highly bred, pure bred
razón *f.* reason, reasoning, sense
razonar to reason, to think
reaccionar to react
real royal
realidad reality, truth

rebelde rebellious, disobedient
rebeldía disobedience, rebellion
rebelión rebellion, revolt
recibimiento reception, welcome
recibir to receive
recién llegado newcomer
reciente recent
reclamar to demand
reclinarse to lean
recobrar to get back, to recover, to regain
recoger to pick up
reconocer to recognize
recordar (ue) to remember; **to** remind
recuerdo memento, keepsake, memory
recurso recourse
rechazar to reject
redondo round, unequivocal
reducir to reduce
referencia reference
referir (ie) to refer
reflejo reflection
refrenar to deter, to hold back
refugio refuge
regalar to give
regalo gift; — **de boda** wedding present
regresar to return
regreso return
reina queen; **la Reina Santa** *see* **Isabel de Aragón**
reinado reign
reinar to rule
reino realm, kingdom
reír (i) to laugh
relación account, memorandum; relationship
reliquia relic
reluciente gleaming, shining
remordimiento regret, remorse

rencor *m.*   anger, grudge, rancor
rendición   surrender
rendir (i)   to offer, to render;
    —se   to surrender
renta   income
renunciación   renunciation
repente; de —   suddenly
repentino   sudden
repetir (i)   to repeat
repicar   to ring, to peal; **— a
    gloria**   to ring the *gloria*
    (*part of the Mass*), to ring
    in celebration
repique *m.*   peal, chime of bells;
    — de gloria   *a special peal
    of bells during the Mass*
réplica   answer, response
replicar   to answer
representar   to represent, to
    mean
reprochar   to reproach, to re-
    prove
resbalar   to slide, to slip
Resende, Garcia de (*c.1470–1536*)
    *Portuguese poet, author of
    poem on the death of Inés
    de Castro and compiler of
    an important collection of
    early Portuguese poetry, the
    'Cancionero Geral' (1516)*
resentimiento   grudge,   resent-
    ment
resignarse   to resign oneself
resistir   to resist, to endure
resolver (ue)   to decide, to settle
    a problem
respecto a   with respect to
respeto   courtesy, respect
responder   to answer; **— por**
    to be responsible for
responsabilidad   responsibility
respuesta   answer, reply
resucitar   to revive

resuelto   resolute
resumen *m.*   summary, résumé;
    en —   in sum
retirarse   to leave, to retire
retiro   retirement
retroceder   to step back
retumbar   to resound
reunir   to assemble, to call to-
    gether
revelación   revelation
revelar   to reveal
reverencia   bow
revés; al —   backwards
revista   review, journal, maga-
    zine
revoltoso   rebellious,   trouble-
    maker
revolver (ue)   to turn, to turn
    around, to overturn, to ex-
    amine
rey *m.*   king; **rey-de-armas**   king
    at arms (*heraldic figure*)
rezar   to pray
rezo   prayer
ribera   bank, shore
rico   rich
rincón *m.*   corner
río   river
riqueza   wealth
risa   laughter
rítmico   rhythmic
robar   to steal
rodar (ue)   to be passed about;
    to roll; **— de boca en boca**
    to be talked about every-
    where
rodear   to surround
rodilla   knee; **de —s**   kneeling
roer   to gnaw
rogar (ue)   to beg, to ask
rojo   red; **— sangre**   blood red
romance *m.*   ballad
romántico   romantic

romper to break; — **a cantar** to break into song
ropa clothing
rosa rose
rosario rosary
rostro face
rubor *m.* shame
rumbo course, direction
rumor *m.* sound

sábana sheet
saber to know, to know how, to find out, to learn
sabio wise
sabor *m.* flavor, taste
Saboya *see* **San Humberto de Saboya**
sacar to take out
sacro sacred
sacudir to shake
sacrificar to sacrifice
sacrificio sacrifice
sala room
Salado *stream in the province of Cádiz, on whose banks was fought one of the decisive battles of the Reconquest (30 October 1340). The forces of Alfonso XI of Castile, Alfonso IV of Portugal, and Pedro IV of Aragón joined to defeat the invading Moors and the Moorish king of Granada.*
salida exit
salir to come out, to go out, to leave, to exit; — **de montería** to go out hunting; — **victorioso** to win
salón *m.* room, hall
saltar to leap

saludar to greet
saludo greeting
salvación salvation
salvar to save
salvo except for
San Cristobalón Saint Christopher, *the patron saint of travelers*
San Humberto Saint Hubert (*d. 727*), *patron of hunters. In his youth he had neglected his religious duties for hunting, until warned by a stag bearing a crucifix. He then reformed and entered the religious life.*
San Humberto de Saboya Humbert III (*1136-88*), *king of Savoy, a forebear of Pedro I of Portugal*
San Yago Saint James the Great, *patron of Spain*
Sancho IV el Bravo *King of Castile* (*r. 1284-95*), *son of Alfonso X el Sabio*
sangrar to bleed
sangre *f.* blood; **a — fría** in cold blood
sanguinario bloodthirsty, cruel
sano healthy
Santa Clara *convent near Coimbra, where Pedro's grandmother Isabel de Portugal went to live when widowed. Here she built a palace for the use of Portuguese princes and their wives, where later lived Inés de Castro.*
Santa Clara *old church in Coimbra, founded by Isabel la Reina Santa and dedicated to her aunt, Saint Elizabeth of Hungary*

Santa Cruz *old church in Coimbra where the first kings
of Portugal are entombed*
Santa María Mary the Virgin
Santana *a convent in Coimbra,
founded 1174*
santiguarse to cross oneself
santo saint, sainted, holy
sapo toad
satisfacer to satisfy
saudade (*Port.*) sadness, longing
for something absent (*no
exact English equivalent*);
tener —s de to miss
se *refl. pr.* himself, herself,
yourself, itself, themselves,
yourselves, each other, one
another; *ind. obj. standing
for* **le** or **les**
secar to dry
secreto secret
sed *f.* thirst
seguida; en — at once
seguir to continue, to follow, to
keep on
según according(ly), according
to (what), as
segundo second
seguro certain, safe, sure
semejante such (a), similar
sincillo simple
sendo separate
sentar (ie) to seat; **—se** to sit
down
sentencia sentence
sentido meaning
sentimentalismo sentimentality
sentir (ie) to feel, to regret, to
sense
señal *f.* characteristic, sign, sig-
nal
señalado especial, outstanding,
particular

señalar to point out
señas *f. pl.* characteristics
señor gentleman, lord, master,
sire; **El Señor** God
señora lady, mistress
separación separation
separar to separate
séquito entourage, retinue
ser to be, to happen; **¿Qué será?**
What will happen? **¿Es que
...?** Can it be that ...? **Es
que ...** The fact is that ...
The situation is that ...
serenamente calmly
serenidad serenity
servidor *m.* servant, servitor
servil servile
servir (i) to serve **¿De qué sirve
...?** Of what use is ...?
si if, whether
sí yes
sí *pr.* himself, herself, yourself,
itself, themselves, yourselves;
fuera de — enraged
siempre always
sien *f.* temple, brow
sierra mountain, mountain
range; **— adentro** into the
mountains
Sierra-Estrella *mountain over-
looking Coimbra*
siete seven
siglo century; **de —s** centuries-
old
significar to mean
siguiente following; **al día —**
the next day
silbar to whistle
silbido whistle
silencio silence
simbólico symbolical
símbolo symbol
simple just, ordinary, simple

simplicidad naturalness, simplicity

sin without

sino but

sinceramente sincerely

siquiera at least, even; **no (ni) ...siquiera** not ... even

sirena siren

sitio place, site

situación situation

soberbia loftiness, pomp, pride

soberbio proud

sobra; de — only too well, excessive; **tiempo de —** plenty of time

sobrar to be excessive, to be left over, to be unnecessary; **le sobran horas** she has time left

sobre about, at the moment of, concerning, over, upon

sobresalto surprise, shock

sobrina niece

sofocar to suffocate

solemne solemn

solemnidad solemnity

sol *m.* sun; **de —** sunny

soldado soldier

solitario solitary

solo single, sole, only, alone; **a —as** alone

sólo only

soltar (ue) to free, to let go, to let loose; **—se de** to shake oneself loose from; **¡Suelta! Let go!**

solución solution

sollozar to sob

sollozo sob

sombra ghost, shadow

sombrero hat

someter to subordinate

sonar (ue) to sound

sonreír (i) to smile

sonriente smiling

sonrisa smile

soñador *m.* dreamer; *adj.* given to dreaming

soñar (ue) to dream, to imagine; **— con** to dream about

sorprender to be surprising, to find, to surprise

sorpresa surprise

sospechar to suspect

sostener to hold up, to support, to withstand, to undergo

su his, her, your, its, their

suavemente gently

subido en seated on

suceder to happen

sucio dirty

Suecia Sweden

suelo ground

suelto free, loose, unfettered

sueño dream, sleep

suerte *f.* lot, chance, fortune

sufrir to suffer

sujetar to calm, to subdue

superior higher

superioridad superiority

súplica petition, entreaty

suplicante beseeching(ly)

suplicar to beg

suponer to imagine, to suppose

suspender to stop

supuesto; por — of course

sur *m.* south

suyo his, her(s), your(s), its, their(s)

taberna inn, saloon, tavern

tachonado studded

Tajo the Tagus river, *which flows from central Spain*

through Portugal to the At-
lantic

tal such, as, like; **— como** just as, just like

también also, too

tambor *m.* drum

tampoco neither, not either

tan so, so much

tanto so much; *pl.* so many

tapar to cover up

tapia fence, garden wall

tapiz *m.* tapestry

tardar to be slow, to delay; **lo que yo tarde** the time I take

tarde *f.* afternoon, evening; **a la —** in the afternoon; **esta misma —** this very after-noon

tarde *adv.* late

te *pr.* you, to *or* for you

teatro theater

telón *m.* stage curtain

tema *m.* theme, essay

temblar (ie) to tremble

temblor *m.* trembling, tremor

temer to be afraid, to fear

tender (ie) to stretch out, to hold out, to hand over

tener to have, to keep, to hold; **— años** to be old; **— dere-cho a** to have a right to; **— frío** to be cold; **— ham-bre** to be hungry; **— miedo** to be afraid; **— nombre de** to be famous for; **— que** to have to, to be obliged to; **— razón** to be right; **— sed** to be thirsty; **— sueño** to be sleepy; **aquí me tienes** here I am; **tengo entendido que** I understand, I have an idea that; **tienes triste la voz** you sound sad

tentación temptation

tentador tempting

teñir (i) to dye

tercer(o) third

terciopelo velvet

terminante final, incontroverti-ble, absolute

terminar to complete, to end, to become disgusted; **— de +** *inf.* to finish

ternura tenderness

terreno territory, subject of dis-cussion

testamento will

testigo witness

textualmente in the text

tí you, yourself

tiempo time, age, epoch; **a — de** in time to; **a —** on time

tierno gentle, tender

tierra country, earth, land

tiranía tyranny

tirar to throw (away)

tiritar to shiver, to tremble

titularse to be entitled

título title

tocar to play an instrument, to touch

todavía even, still, yet; **— ayer** only yesterday

todo all, anything, every, each

Toledo *city in central Spain, south of Madrid*

tolerar to allow

tomar to take

tono tone; **a medio —** in a sub-dued voice

tontería foolishness

tópico theme, topic

tormenta storm

tormento torment

torneo de lanzas tournament using lances, joust

torno; en — around
torpe stupid
toser to cough
total in all, in sum
trabajar to work
trabajo work, trouble
tradicional traditional
traductora translator
traer to bring, to have; trae
esa mano give me your
hand; let me see your hand
tragedia tragedy
trágicamente tragically
traición treachery, treason; a —
treacherously
traidor *m.* traitor
traje *m.* clothing, dress, suit;
— de caza hunting costume
trampa trap
tranquilizar to calm
tranquilo quiet, tranquil
transfiguración transfiguration
tras after
Tras-os-Montes *region in the
extreme north of Portugal*
tratar to treat, to try; — de to
try to; se trata de it is a
matter of
treinta thirty
trepar to climb
tres three
trescientos three hundred
tribunal *m.* court, tribunal
trigo wheat
triste sad
tristeza sadness
trocar to change
trompa trumpet
tronco log, tree trunk
trono throne
tropa troop
tropel *m.* bustle, confusion,
hurry; en— in unison

tropezar (ie) to come upon, to
meet
trova *kind of poem popular
with troubadours, usually
meant to be sung*
trovador *m.* troubadour, wan-
dering singer
trueno thunder
tu your
tú *pr.* you
tuétano marrow
turbado upset
tuyo your(s)

último final, last
umbral *m.* threshold
Unamuno, Miguel de *(1864-
1936) Spanish novelist, poet,
and essayist*
único only, sole, unique
unir to join, to unite
universalidad universality
un, uno *art.* a, an, one; *pl.* some
usurpador *m.* usurper
útil useful

vacilar to hesitate
vacío emtpy
valer to aid, to avail, to be useful, to be worth; más le valiera it would be better for
him; no vale la pena it
doesn't matter, it isn't worth
the trouble
valiente bold, brave
valor *m.* courage; value
varado stranded
variante *f.* variant
varios, —as various
Varsovia Warsaw
vasallo vassal

vaso glass
Vega Carpio, Lope Félix de (*1562-1635*) *greatest dramatist of the Spanish Golden Age*
veinte twenty
veinticuatro twenty-four
veintisiete twenty-seven
Vélez de Guevara, Luis (*1579-1644*) *Spanish dramatist of the Golden Age whose play 'Reinar después de morir' is regarded as one of the few important tragedies of the period*
velo veil
vencido beaten, conquered
venir to come; **lo vengo temiendo** I have been afraid of that
ventana window
ver to see, to understand; **a —** let's see; **por lo visto** apparently
verano summer
verdad truth; **de —** truly; **¿—?** Isn't it true?
verdadero true
verde green
vergonzoso shameful
vergüenza shame, disgrace; **me da —** it makes me ashamed
verso poem, poetry, verse
vestir (i) to dress; **—se de** to be dressed in *or* as, to dress in *or* as
vez *f.* occasion, time; **a veces** at times; **de una —** once and for all; **en — de** in place of; **otra —** again; **por última —** for the last time; **tal —** perhaps; **una —** once
viaje *m.* trip, voyage

vicio vice
víctima victim
victoria victory
victorioso victorious
vida life
viejo old
viento wind
Villena *ancient town, with a famous castle, in the province of Alicante, given to D. Juan Manuel by his grandfather Fernando III*
vino wine
violencia violence
virgen *f.* virgin
virtud virtue
visto obvious, seen; **por lo —** to all appearances
vitalidad vitality
vivir to live, to experience
vivo alive
volar (ue) to fly
volcarse (ue) to overflow
voluntad desire, will; **— de** longing for
voluntario done knowingly, intentional
volver (ue) to return, to turn; **—se** to turn around; **—se a** to turn toward; **— a + inf.** to do again
vosotros, —as you
voz *f.* voice; **a media —** in a low voice; **en alta —** aloud
vuestro your(s)

y and
ya already, now, then; **— no** no longer
yidisch Yiddish
yo I
yugo yoke